À Lisette

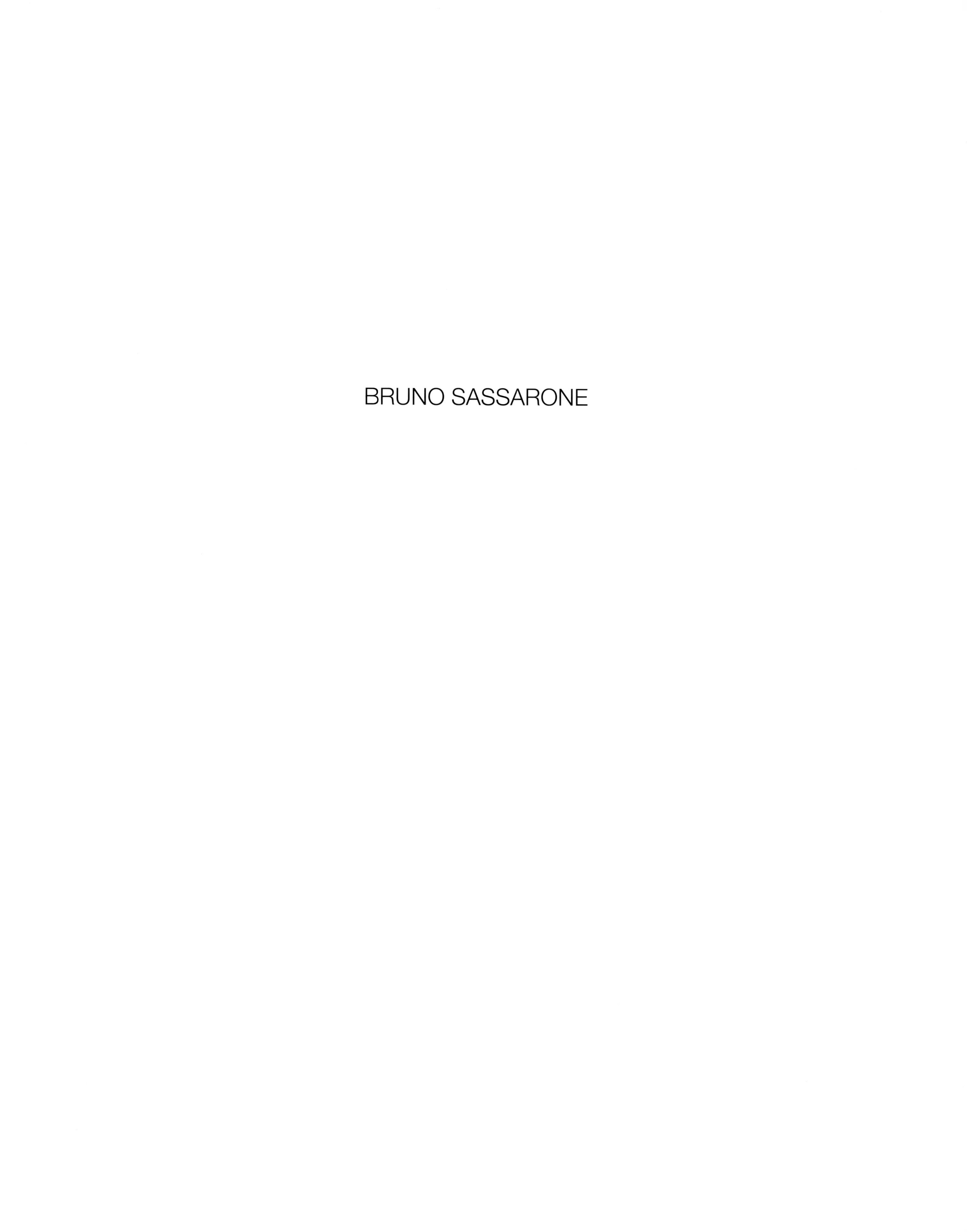

BRUNO SASSARONE

BRUNO SASSARONE PARIS

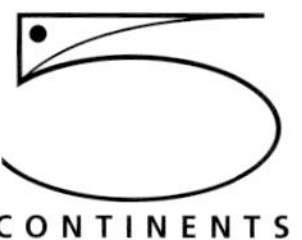

PREFACE

On n'entre pas dans les photographies de Bruno Sassarone. Elles entrent en nous avec la netteté d'une sorte de métal. Peut-être celui d'une clé qui trouve sa serrure dans un trompe-l'œil et ouvre en nous la porte dérobée. Un secret nous accueille alors dans toutes les nuances de son silence.

Bien sûr, le graphisme paradoxal. Le détail, le cadrage et le familier jouent à l'abstraction. Un graphisme si précis qu'il en est cinglant, frappe l'esprit. Le regard n'est ici qu'un intermédiaire rapide entre l'image, pleine d'imagination, et l'émotion qui va passer de la méfiance, de la peur même, à l'étreinte poignante. Cela je le sais : le cadrage est décisif pour induire cette intimité.

Dans ces paysages urbains, dépeuplés mais ô combien civilisés, nous sommes appelés à être, chacun et chacune, les premiers et les derniers humains. Cette impression rend impossible un regard inconséquent, désinvolte. Le regard qui écoute, respire et saisit ces photographies, est acte de présence.

Une évidence encore, qui n'en est pas une : le noir est sans fond. Pour moi, ce noir-là est, à la lettre, du «jamais vu». Il est béance compacte, gouffre absolu, en boule comme une bête. De là où je suis, et où il m'impressionne, il abrite une menace ou un remords prêts à surgir. Peut-être est-ce ce noir en personne, l'envers de toute lumière, qui se tient là, tapi en lui-même et qui met sous tension, à rompre, tous les édifices humains.

Alors c'est peut-être là où chaque photographie, dont les dimensions ont cessé d'être réelles, veut en venir, à la lumière qui la grave dans le temps et lui donne sa durée. C'est presque un flash, un foudroiement. Cette lumière répond de toute sa géométrie au chaos du trou noir. Elle fait plus qu'éclairer, elle structure un monde vivable, et lui donne l'énergie sans laquelle tout serait dévoré.

Quelle sensibilité il faut pour capter l'ordre de l'éblouissement !

Cette épure rythmée est du domaine du Zen. L'harmonie des équilibres, déséquilibre.

Ce doit être Paris, cette cité à hauteur d'enfance.

Aurore Clément

One does not enter into Bruno Sassarone's photographs. They get into you with the clarity of a kind of metal. Maybe that of a key that finds its lock in a *trompe l'œil* and opens the hidden door within us. A secret then welcomes us in all the nuances of its silence.

Of course, the paradoxical graphism. Detail, framing, and the familiar play at abstraction. A graphicness so precise that it is scathing, striking the mind. The gaze here is only a quick intermediary between the picture, full of imagination, and the emotion that will pass from mistrust, even fear, to a poignant embrace. This I know: framing is decisive in inducing this intimacy.

In these urban landscapes, depopulated yet ever so civilized, we are each called upon to be the first and last humans. This impression makes it impossible to look at them in an inconsequential, casual way. The gaze that listens, breathes, and captures these photographs is an act of presence.

Another obvious fact that is not: black is bottomless. For me, that black is literally "never seen before". It is a gaping mass, an absolute chasm, balled up like a beast. From where I am, and where it impresses me, it harbours a threat or a remorse ready to emerge. Perhaps it is this black in person, the flip side of all light, that stands there, crouched within itself, which brings all human edifices, under tension, to a breaking point.

So maybe that's where every photograph, whose dimensions have ceased to be real, seeks to go, to the light that engraves it in time and gives it its duration. It's almost a flash, a thunderbolt. This light responds with all its geometry to the chaos of the black hole. It does more than illuminate; it structures a liveable world and gives it the energy without which everything would be devoured.

What sensitivity it takes to capture the order of dazzlement!

This rhythmic design is from the realm of Zen. The harmony of balance, imbalance.

It must be Paris, that city at childhood height.

Aurore Clément

INTRODUCTION

PARIS, DE L'OMBRE À L'ABSTRACTION

Paris est le lieu de naissance officiel de la photographie.

En effet, le 7 janvier 1839, François Arago a présenté le daguerréotype à l'Académie des sciences de Paris. Ce procédé photographique, mis au point par Nicéphore Niépce et perfectionné par Louis Daguerre, reproduisait pour la première fois, en positif et de façon permanente, des vues de Paris sur des plaques de cuivre iodées, préalablement recouvertes d'une couche d'argent et exposées à la lumière.

Dès lors, la ville de Paris a fait l'objet d'un flot ininterrompu de photographies, publiées dans des revues et compilées en ouvrages, que ce soit par Eugène Atget, André Kertész, Brassaï, Daniel Masclet, Robert Franck, Otto Steinert et Lucien Hervé ou, dans un registre humaniste, par Robert Doisneau, Édouard Boubat, Willy Ronis, Izis et Henri Cartier-Bresson, entre autres. Cette variété de styles et de techniques résulte de l'évolution de la photographie, en tant que forme d'art visuel.

S'il existe une filiation dans laquelle peut s'inscrire la série *Paris*, c'est dans le prolongement moderniste de la photographie, développé au cours du XXe siècle, exploitant les qualités propres à ce médium.

Le processus de reconnaissance de la photographie en tant qu'art a débuté aux États-Unis, lorsque des artistes d'avant-garde, avec à leur tête Alfred Stieglitz, ont formé le groupe Photo-Secession. En 1905, ils ont ouvert la galerie 291 sur la Cinquième Avenue à New York, dans l'ancien studio du photographe Edward Steichen, et publié la revue *Camera Work*. En exposant les œuvres de photographes comme Paul Strand avec celles d'artistes européens tels que Paul Cézanne, Henri Matisse, Georges Braque, Pablo Picasso, Auguste Rodin, ou Constantin Brancusi, les expositions tendaient à élever la photographie au même rang que les autres disciplines artistiques.

Le regard du photographe, concentré sur les structures, la lumière, le contraste, les formes reconnues et saisies du monde réel, mettait l'accent sur un style direct et réaliste appelé Photographie Pure ou Straight Photography. A la différence de la peinture, la technique photographique permettait enfin de reproduire la réalité aussi précisément et objectivement que possible.

Le Groupe f/64, créé en 1932 par des photographes de San Francisco, Edward Weston, Ansel Adams et Imogen Cunningham, a également développé une forme de photographie indépendante des arts graphiques préexistants, définie par ses propres contraintes et possibilités techniques, prônant une pratique rigoureuse, afin de produire une forme d'épuration visuelle de la réalité.

Dans le sillage de la Straight Photography, deux voies essentielles et toujours contemporaines de l'histoire de la photographie se sont ouvertes : l'une repose sur la vérité de l'instant et se prolongera dans le reportage documentaire, envisageant la photographie comme un médium employé au service d'une vision politique ; l'autre est fondée sur une approche formaliste du paysage, de l'architecture, de la nature morte, ou du nu, cherchant à démontrer que la photographie est un art.

Grâce aux pellicules plus sensibles et aux équipements moins encombrants qu'à ses débuts, la photographie est descendue dans la rue et le style moderniste s'est diffusé à travers le monde. On le retrouve notamment dans l'œuvre de Minor White, Germaine Krull, Albert Renger-Patzsch avec la Nouvelle Objectivité et, même en couleur, avec les pionniers William Eggleston, Saul Leiter et Ernst Haas.

La révolution numérique des années 1990 et 2000 a permis un renouvellement du statut de la photographie et sa reconnaissance en tant qu'art contemporain, d'abord par l'intermédiaire de la photographie documentaire, puis à travers la pratique abstraite et l'expérimentation.

Ainsi, l'emploi de la technologie numérique pour réaliser la série *Paris* inscrit cette démarche dans la pratique photographique contemporaine, tout en prolongeant l'héritage moderniste dans sa recherche formelle.

Afin d'aborder la représentation d'une ville aussi célèbre que Paris, les photographies de la série se situent à la limite de l'abstraction et de la figuration, elles exploitent les lignes de contraste entre ombre et lumière, et elles se matérialisent à la ligne de crête de la technique photographique.

L'abstraction par l'ombre

La série thématique *Paris* propose une approche abstraite de la représentation de la ville, tout en se fondant sur un rapport direct au réel.

Sa singularité réside dans le fait que l'abstraction est obtenue par l'intermédiaire de l'ombre, qui devient un élément essentiel de la photographie. Elle fait ainsi l'« *Éloge de l'ombre* », selon le mot de l'écrivain Jun'ichirō Tanizaki (Jun'ichirō Tanizaki, *Éloge de l'ombre*, Japon, 1933, édition française, Paris, Publications orientalistes de France,1977).

L'ombre est donc le moyen par lequel les photographies de Paris tendent vers l'abstraction, au même titre que le cadrage et le point de vue.

Le cadrage délimite le cliché et sa rigueur contribue à l'abstraction par réduction de la forme à sa version la plus épurée. Par élimination lors de la composition, le cadre définit le contenu de l'image et y crée une tension interne. La forme de l'ombre peut résulter soit de l'ombre propre de la chose photographiée, soit de l'ombre portée de cette chose ou des éléments situés hors-champ. Ainsi, l'effet de projection de l'ombre fait autant figurer dans le cliché ce qui y est inclus, qu'il suggère ce qui en est exclu.

Le choix du point de vue permet d'explorer l'espace et la profondeur à travers l'abstraction photographique. Au même instant, un simple déplacement change totalement la perception de la perspective, de la même façon que la vision humaine diffère selon que l'on regarde de l'œil droit ou du gauche.

L'épure engendrée par l'ombre transfigure, dans sa radicalité, la représentation traditionnelle de Paris, en renonçant à la valeur purement descriptive de la photographie. Alors, les lieux connus prennent de nouvelles dimensions, et les formes reconnaissables se résument à un jeu de contraste, de structures géométriques et de rythme visuel.

La série *Seascapes* de Hiroshi Sugimoto permet d'illustrer la frontière qui peut exister, en photographie, entre abstraction et figuration. Bien qu'elles soient issues de véritables paysages, les images produites par Sugimoto réduisent la mer et le ciel à leurs éléments visuels les plus simples, reproduisant le réel en une forme pure.

Cette recherche formelle crée une résonance avec d'autres pratiques et disciplines artistiques. Ellsworth Kelly a cherché à voir autrement en saisissant, par la photographie, les formes géométriques d'ombre et d'architecture, ne limitant pas son expression artistique à la peinture et à la sculpture. Hans Hartung a, pour sa part, confronté ses peintures abstraites à la réalité, en exerçant la photographie tout au long de sa vie.

L'ombre est également le sujet de la série *Paris*. En effet, les photographies y représentent, directement ou non, l'ombre d'un site parisien spécifique, emblématique et caractéristique. L'approche abstraite de la série repousse les limites du visible, sans pour autant rompre le lien avec le lieu représenté. Ce rapport direct au réel de la photographie peut s'illustrer par le concept d'*indexicalité* développé par le philosophe Charles Sanders Peirce. Il explique que *l'indexation* de la photographie réside dans le fait qu'elle ne peut être réalisée qu'à partir du monde tangible et non de l'imagination. Elle est ainsi liée à la réalité et renvoie inexorablement vers son sujet de référence.

Mais grâce à l'abstraction, l'identification des lieux représentés n'est pas immédiate et nécessite, le plus souvent, de se référer aux titres des photographies pour les contextualiser. L'apport de la légende à la compréhension de l'œuvre ancre la série dans une démarche contemporaine. Chaque photographie, tout en ayant pour origine la réalité, sollicite d'abord l'imagination du spectateur, puis fait appel à sa mémoire pour découvrir ou redécouvrir Paris. Cette confrontation du réel à l'imaginaire crée un rapport entre l'œuvre et l'observateur qui relève du sensible, un espace intérieur de réflexion déterminé en fonction de la culture, de la provenance et du vécu de chacun.

Historiquement, la photographie abstraite a évolué en fonction du développement des techniques mécaniques et chimiques. L'expérimentation a débuté avec la manipulation des tirages par les pictorialistes au XIXe siècle, jusqu'à produire des œuvres sur papier photosensible sans l'intermédiaire d'un appareil photo, comme le rayogramme de Man Ray ou le photogramme de László Moholy-Nagy. Sous l'influence du Surréalisme, du Cubisme et du Vorticisme, la prospection artistique a également donné lieu à de nombreuses expériences au moyen de l'instrument optique, illustrées notamment par les études scientifiques de Berenice Abbott. L'évolution technique du négatif a permis l'investissement du champ de la couleur, par Franco Fontana et John Batho par exemple, pour aboutir à la pratique conceptuelle contemporaine.

Dès 1915, Paul Strand a réalisé une série de photographies de lieux et d'objets ordinaires intitulée *Abstraction*, publiée dans le dernier numéro de la revue *Camera Work* en 1917 (*Camera Work*, n° 49–50, New York, Alfred Stieglitz, June 1917).

Sous l'impulsion d'Edward Steichen, le MoMA (The Museum of Modern Art, New York) a organisé deux expositions mettant en relation la photographie et l'abstraction : *Abstraction in Photography* en 1951 et *The Sense of Abstraction* en 1960. Cette période marque l'émergence d'une volonté de réaliser de la photographie abstraite, incarnée par Harry Callahan, Otto Steinert, Paulo Pires da Silva, Raymond Hains, Aaron Siskind, Brassaï ou Guy Bourdin, en relation avec l'Expressionnisme Abstrait dominant, dont notamment les œuvres de Jackson Pollock ou Franz Kline.

La Tate Modern de Londres a également fait dialoguer la photographie et l'art abstrait, à l'occasion de la rétrospective *Shape of Light: 100 Years of Photography and Abstract Art* réalisée en 2018 sur le thème de l'abstraction en photographie.

En France, une vaste exposition intitulée *La Photographie à l'épreuve de l'abstraction* a été organisée en 2020 entre le Centre Photographique d'Île-de-France, le Fonds régional d'art contemporain Normandie Rouen et le Centre d'art contemporain de l'Onde, afin de questionner le rapport entre la photographie contemporaine et l'abstraction. Ces trois institutions ont présenté simultanément des artistes tant émergents que confirmés, tels que Wolfgang Tillmans ou Thomas Ruff, lequel a réalisé des photogrammes à l'aide d'une chambre noire virtuelle.

La frontière entre abstraction et figuration de la série *Paris* s'incarne, en particulier, à travers la ligne de contraste qui précède la forme.

La ligne précède la forme

L'abstraction du réel obtenue par l'ombre implique que l'objet de la photographie réside dans la capture du contraste entre l'ombre et la lumière, et que cette ligne de démarcation crée la forme.

Comme le formule justement Hiroshi Sugimoto : « *Quand la lumière brille, les ombres tombent sur l'existence. L'ombre forme un moule naturel pour les parties non ombragées et donne une forme visible aux objets existants. Avec leur fardeau ténébreux, ces formes visibles sont le porte-parole de l'existence* » (*Hiroshi Sugimoto : Theaters*, New York, Damiani & Matsumoto Editions, 2016).

Le choix du noir et blanc permet au photographe de s'affranchir de la couleur pour se concentrer sur la forme. Le jeu d'ombre et de lumière définit les volumes dans la réalité et son intégration dans la composition engendre la forme dans la photographie.

Cette approche formelle se retrouve également en peinture, comme dans les tableaux d'André Marfaing, démontrant qu'un seul contraste de noir et blanc crée une forme picturale. Le langage visuel du peintre Léon Spilliaert peut aussi être mis en relation avec les lignes de fuite de certains clichés de la série *Paris*. Ses lignes de contraste font écho aux photographies architecturales de Lucien Hervé, en particulier pour sa période de collaboration avec l'architecte Le Corbusier.

Le contraste met aussi en jeu la perception des valeurs de tonalités. Par effet optique, plus l'ombre occupera l'espace de l'image, plus elle apparaîtra sombre à l'observation.

Selon Serge Tisseron, la photographie est « *un art de la durée autant qu'un art de l'espace* » (Serge Tisseron, *Le mystère de la chambre claire : photographie et inconscient,* Paris, Les Belles Lettres, 1996). Ainsi, la temporalité joue un rôle important dans la réalisation de la série *Paris*, afin d'en écrire le témoignage photographique, constamment modifié par la course du soleil. Cette source de lumière intense permet d'obtenir un fort contraste composé de zones d'éclairage direct à la limite de la surexposition et de zones d'ombre à la limite de la saturation. Lors des prises de vues réalisées à l'issue de repérages, seule la lumière naturelle a été employée pour saisir l'instant, dont la fugacité n'accorde jamais au lieu le même aspect.

Cette dimension temporelle de la photographie, Roland Barthes l'a évoquée dans *La Chambre Claire* : «*Ce que la Photographie reproduit à l'infini n'a lieu qu'une fois : elle répète mécaniquement ce qui ne pourra jamais plus se répéter existentiellement*» (Roland Barthes, *La Chambre Claire, Note sur la photographie,* Paris, Éditions de l'Étoile, Gallimard, Le Seuil 1980).

Quant à l'importance de l'instant, comme le soulignait le Cardinal de Retz : «*Il n'y a rien en ce monde qui n'ait un moment décisif*» (Jean-François Paul de Gondi, Cardinal de Retz, *Mémoires,* Nancy, Éditions Jean-Baptiste Cusson,1717). Reprenant cette citation dans son ouvrage *Images à la sauvette* en 1952, Henri Cartier-Bresson a exprimé l'idée qu'un instant peut être la conjonction de la reconnaissance d'un fait significatif et de l'agencement des formes visuelles qui expriment ce fait (Henri Cartier-Bresson, *Images à la sauvette*, Paris, Verve, 1952). La capture de cet *instant décisif*, où l'harmonie de la forme entre en résonance avec le fond, justifie l'emploi de la photographie pour figer le temps. Depuis, cette expression incarne de façon emblématique la photographie de style documentaire.

Les photographies de la série *Paris*, dans un style architectural et non documentaire, figent pourtant dans la permanence un instant furtif dont le caractère décisif réside d'abord dans l'importance symbolique et historique du site, puis dans l'osmose entre la forme visuelle et la valeur du lieu de la prise de vue. Ainsi, la série saisit le moment où l'ombre transcende la réalité d'un lieu significatif.

«*Et pourtant, ce qui reste décisif pour la photographie, c'est encore et toujours la relation du photographe à sa technique*», écrivait Walter Benjamin, dans sa *Petite histoire de la photographie* (Walter Benjamin, *Petite histoire de la photographie,* Paris, Éditions Allia, 2012).

Le contraste des photographies parisiennes crée un défi technique, tant lors de réalisation de la prise de vue que de l'impression en noir et blanc.

Au-delà de l'ombre

À travers l'ombre, la série s'abstrait de la réalité, en repoussant les limites des qualités intrinsèques à la photographie.

En effet, le phénomène d'adaptation visuelle de l'œil humain à l'obscurité et au contraste a été un élément déterminant, lors de la reproduction du réel par la prise de vue et lors de la production des photographies, mettant en œuvre plusieurs choix techniques.

Les photographies ont été réalisées à l'aide d'un appareil photo numérique de type moyen format, remplaçant, par son capteur de grande taille, la base chimique traditionnelle du négatif, et en utilisant un objectif dont la focale est proche de la vision humaine. Les fichiers numériques ont été retouchés, sans faire appel à l'intelligence artificielle, à seule fin de corriger les détails qui nuiraient à la sobriété de la composition, tout en préservant l'authenticité de la scène captée et le caractère intemporel de la représentation de Paris. Cette étape permet la plus grande rigueur dans la préparation des fichiers, réduisant les aléas du tirage réalisé par un laboratoire professionnel, qui est ainsi totalement contrôlée par le photographe.

De ce fait, la série *Paris*, tout en se plaçant par son style dans la lignée de la photographie moderniste, s'en distingue par un perfectionnement obtenu grâce à la retouche numérique, dans le but d'aller au-delà de ce que la photographie analogique permettrait d'accomplir.

La subtilité des ombres et la limite avec la saturation des noirs constituent un défi technique lors de la production photographique en tirage et en ouvrage, exploitant au maximum les propriétés du noir et blanc. En effet, les tirages sont imprimés sur papier baryté selon la technique du tirage pigmentaire Piezography Charbon. Ce type d'impression consiste à projeter du pigment de charbon, d'un noir pur, afin de reproduire une large gamme de nuances de gris, et de donner une longévité et une richesse de valeurs supérieures au tirage photo argentique, tout en préservant la densité des noirs. De même, la réalisation du présent ouvrage en bichromie a nécessité l'emploi de deux noirs Pantone et d'un gris sur papier couché semi-mat afin de faire restituer, de façon optimale et avec finesse, les détails dans les ombres.

Face à la reproduction photographique, la vision du spectateur va d'abord appréhender le contraste dans sa globalité : les zones d'ombre vont apparaître très sombres, par opposition aux zones éclairées. Lors de cette étape, seules les lignes claires vont se détacher de l'ombre, la photographie va sembler simple et pure dans sa planéité. Après une période d'adaptation de l'œil, comparable à la mise en œuvre de la vision nocturne, les détails des zones d'ombre vont se révéler. Ils vont donner un second sens de lecture à la photographie et enrichir la perception par plus de complexité et de profondeur.

La réception de l'œuvre par l'observateur exige qu'il s'y attarde, afin de mettre en jeu la capacité d'évocation de la photographie abstraite. Ainsi, la représentation minimaliste de la photographie revisite Paris en *monde sensible*.

Considérant l'art comme la projection d'une émotion interne, reproduisant le choc psychologique qui en est à l'origine, la série *Paris* rejoint la conception d'Otto Steinert, chef de file du mouvement de la Photographie Subjective (Subjektive Fotografie) : elle suggère une certaine idéalisation de Paris afin de sublimer l'apparente réalité, de sorte qu'elle incarne la projection d'un monde intérieur plutôt que la représentation exacte du monde extérieur.

Paradoxalement, la série fait appel à la part d'ombre, tant du réel que du photographe et du spectateur, afin de révéler que « *Le monde est beau* », pour citer Albert Renger-Patzsch (Albert Renger-Patzsch & Carl Georg Heise, *Die Welt ist schön : Einhundert photographische Aufnahmen*, Munich, Kurt Wolff Verlag, 1928).

Par un phénomène d'apparition, résultant de la capacité visuelle du public exercée sur les photographies, alors devenues objets autonomes, le noir apparent de l'ombre ne l'est jamais totalement. Ce processus d'intervention du regard, qui permet de voir au-delà de l'ombre, peut évoquer les *Outrenoirs* de Pierre Soulages, dans lesquels de simples reflets de lumière sur des sillons de peinture noire à la surface de l'œuvre restituent la composition, les volumes et le mouvement, grâce à l'œil de l'observateur.

Structurée par l'ombre, cette nouvelle vision de Paris met en perspective la photographie avec d'autres disciplines artistiques.

Perspectives

La question de la représentation du réel, enjeu artistique en constante mutation, s'est traduite par la recherche d'une forme à travers une exploration pluridisciplinaire dont les filiations ne sont pas hermétiques.

La peinture, en tant qu'art visuel, influence la photographie et réciproquement. Certains peintres se sont inspirés de la photographie dans leur quête artistique, tels Francis Bacon, Andy Warhol et Gerhard Richter, qui ont créé des œuvres à partir de photographies de presse reproduisant des faits divers d'accidents.

Il suffit d'observer les parcours artistiques de Kasimir Malevitch, František Kupka, Joan Miró, Anna-Eva Bergman ou Jean Degottex pour faire le constat d'une évolution de la forme aboutissant à l'abstraction et à une certaine radicalité.

La sculpture explore aussi le minimalisme et investit l'abstraction, qui s'incarne à travers l'œuvre de Richard Serra ou Bernar Venet notamment. Ces deux artistes ont également expérimenté les techniques d'impression de l'estampe (gravure, lithographie et sérigraphie), rejoignant Pierre Soulages dans cette diversité de pratiques artistiques.

Il résulte de la confrontation de ces différentes disciplines à l'abstraction, qu'il existe un champ d'investigation commun, permettant de dépasser le réel à travers les spécificités propres à chaque médium.

La recherche d'une forme en photographie pourrait s'apparenter à une quête illusoire du beau, toutefois elle repose sur le même fondement que la photographie documentaire : la condition humaine, que le document rend visible mais que l'esthétique transcende.

Renommé pour ses perspectives monumentales, Paris est unique et multiple à la fois, au même titre que la photographie.

Le médium photographique a de nombreuses facettes, que ce soit dans sa technique ou sa pratique, ce qui caractérise sa singularité et justifie son succès depuis son invention.

En définitive, il n'est pas surprenant que, pendant la majeure partie du XIXe et pratiquement tout le XXe siècle, la capitale incontestée des arts soit Paris.

Bruno Sassarone

PARIS: FROM SHADOW TO ABSTRACTION

Paris is the official birthplace of photography.

On 7 January 1839, François Arago presented the daguerreotype to the Académie des sciences in Paris. This photographic process, developed by Nicéphore Niépce and later perfected by Louis Daguerre, made it possible, for the first time, to reproduce views of Paris in a positive and permanent form. The technique involved exposing iodised copper plates, pre-coated with a layer of silver, to light.

From that moment on, Paris became the subject of an uninterrupted stream of photographs, published in magazines and compiled into books. Whether in the works of Eugène Atget, André Kertész, Brassaï, Daniel Masclet, Robert Frank, Otto Steinert, and Lucien Hervé, or in a more humanist vein with Robert Doisneau, Édouard Boubat, Willy Ronis, Izis, and Henri Cartier-Bresson, the city has been depicted through a vast array of styles and techniques. This diversity reflects the evolution of photography as a visual art.

If the *Paris* series aligns with any photographic lineage, it is within the modernist movement of photography, developed over the 20th century, which sought to exploit the unique characteristics of the medium.

The recognition of photography as an art form began in the United States, when avant-garde artists, led by Alfred Stieglitz, formed the Photo-Secession movement. In 1905, they opened the 291 Gallery on Fifth Avenue in New York, in the former studio of photographer Edward Steichen, and launched the magazine *Camera Work*. By exhibiting photographers such as Paul Strand alongside European artists like Paul Cézanne, Henri Matisse, Georges Braque, Pablo Picasso, Auguste Rodin, and Constantin Brancusi, these exhibitions aimed to elevate photography to the same artistic status as painting and sculpture.

The photographer's eye, focused on structure, light, and contrast, captured and emphasised forms from the real world in a direct, realistic style known as Straight Photography. Unlike painting, photography now enabled the precise and objective reproduction of reality.

The f/64 Group, founded in 1932 by San Francisco photographers Edward Weston, Ansel Adams, and Imogen Cunningham, further developed a form of photography independent of pre-existing graphic arts. Defined solely by the constraints and possibilities of photography, their approach advocated for technical rigour to achieve a purified visual representation of reality.

Following Straight Photography, two essential and still relevant paths emerged in the history of photography: one focused on capturing the truth of the moment, evolving into documentary photography as a political medium; the other adopted a formalist approach to landscapes, architecture, still life, and the nude, seeking to establish photography as an art form in its own right.

Thanks to more sensitive film and increasingly portable equipment, photography moved into the streets, and the modernist aesthetic spread worldwide. This style is particularly evident in the works of Minor White, Germaine Krull, and Albert Renger-Patzsch with New Objectivity, and even in early colour photography, pioneered by William Eggleston, Saul Leiter, and Ernst Haas.

The digital revolution of the 1990s and 2000s reshaped the status of photography, securing its recognition as a contemporary art form, first through documentary photography, then through abstraction and experimental techniques.

Thus, the use of digital technology in the *Paris* series situates this work within contemporary photographic practice, while extending the modernist legacy through formal research.

In order to depict a city as renowned as Paris, these photographs sit between abstraction and representation, they explore the contrasts between shadow and light, and they are produced at the cutting edge of photographic technique.

Abstraction Through Shadow

The *Paris* series presents an abstract approach to representing the city, while maintaining a direct link to reality.

Its uniqueness lies in the use of shadow as the key to abstraction. The series, in this sense, echoes Jun'ichirō Tanizaki's *In Praise of Shadows* (Jun'ichirō Tanizaki, *In Praise of Shadows*, Japan, 1933; French edition, Publications orientalistes de France, Paris, 1977).

Shadow, like framing and viewpoint, is a means by which the depiction of Paris tends towards abstraction. Beyond being a simple compositional element, shadow structures the entire image, becoming the defining characteristic that reshapes perception.

Framing establishes the boundaries of the image, and its precision contributes to abstraction by stripping the subject down to its most essential form. By eliminating what lies beyond the frame, the choice of composition determines the content and creates internal tension within the image. The shape of the shadow can result from the photographed object itself and may be cast by the subject or by an external element positioned outside the frame. Through this projection effect, the photograph depicts not only what is included in the shot but also what is excluded from it.

The choice of viewpoint also plays a decisive role in abstraction, allowing the photographer to explore space and depth. A shift in viewpoint alters spatial perception and perspective, much as human vision differs depending on whether one looks with the right or left eye.

The purity created by shadow enables a radical transformation of the conventional representation of Paris. By stepping away from photography's purely descriptive function, the *Paris* series redefines the city's visual identity. Thus, familiar locations take on new dimensions, and recognisable forms are reduced to an interplay of contrasts, geometric structures, and visual rhythm.

The limit between abstraction and figuration has been a subject of exploration in photography for decades. Hiroshi Sugimoto's *Seascapes* series, for example, highlights how photography can straddle the boundary between abstraction and representation. Though based on real landscapes, Sugimoto's images reduce the sea and sky to their simplest visual elements, demonstrating how reality can be distilled into pure form.

This exploration of form and perception extends beyond photography and resonates with other artistic disciplines. Ellsworth Kelly sought to redefine visual perception by capturing geometric forms of shadow and architecture through photography, broadening his artistic expression beyond painting and sculpture. Similarly, Hans Hartung used photography throughout his life to confront his abstract painting with reality.

In the *Paris* series, shadow is not only a means for abstraction but also the subject itself. The images depict, either directly or indirectly, the shadows of specific, emblematic Parisian locations.

The abstract nature of the series stretches the limits of the visible while preserving a connection to the real world. This relationship between photography and reality can be understood through the concept of *indexicality*, developed by the philosopher Charles Sanders Peirce. According to Peirce, photography is inherently *indexical* because it is always tied to something that physically existed at the time of exposure — unlike painting, which can originate purely from the imagination. No matter how abstract a photograph appears, it remains anchored in reality because it captures something that was truly present.

However, due to the level of abstraction in these images, the locations they depict are not immediately identifiable. Unlike traditional cityscapes, where landmarks are clearly visible, these images obscure their context, requiring the viewer to refer to the titles of the photographs to situate them. The captions therefore play a crucial role in guiding interpretation, anchoring the series within a contemporary approach to photography, where meaning is constructed through both visual perception and textual reference.

Each photograph in the *Paris* series, though rooted in reality, first engages the imaginary before prompting recognition. The interplay between shadow and light, form and void, abstraction and figuration invites the viewer to oscillate between perception and memory. This duality, between what is seen and what is inferred, establishes a dynamic relationship between the work and its observer, shaped by individual experience, cultural background, and personal interpretation.

Historically, abstract photography has evolved in line with the development of mechanical and chemical techniques. The experimentation began with the manipulation of prints by Pictorialists in the 19th century, leading to the production of works on photosensitive paper without the intermediary of a camera, such as Man Ray's rayogram or László Moholy-Nagy's photogram. Influenced by Surrealism, Cubism and Vorticism, the artistic exploration also gave rise to numerous experiments using an optical instrument, illustrated in particular by the scientific studies of Berenice Abbott. The technical evolution of the negative has enabled the appropriation of the field of colour, by Franco Fontana and John Batho for example, leading to a contemporary conceptual practice.

As early as 1915, Paul Strand produced a series of photographs of ordinary places and objects called *Abstraction*, published in the final issue of *Camera Work* magazine in 1917 (*Camera Work*, Nos. 49–50, New York, Alfred Stieglitz, June 1917).

At the instigation of Edward Steichen, MoMA (The Museum of Modern Art, New York City) organized two exhibitions linking photography and abstraction: *Abstraction in Photography* in 1951 and *The Sense of Abstraction* in 1960. This era saw the emergence of a desire to produce abstract photography, embodied by Harry Callahan, Otto Steinert, Paulo Pires da Silva, Raymond Hains, Aaron Siskind, Brassaï, and Guy Bourdin, in relation to the Abstract Expressionism then dominant, and particularly the works of Jackson Pollock or Franz Kline.

London's Tate Modern created a dialogue between photography and abstract art in a retrospective called *Shape of Light: 100 Years of Photography and Abstract Art* held in 2018 on the theme of abstraction in photography.

In France, a major exhibition called *Photography to the Test of Abstraction* was presented in 2020 by the Centre Photographique d'Île-de-France, the Fonds régional d'art contemporain Normandie Rouen, and the Centre d'art contemporain de l'Onde, questioning the relationship between contemporary photography and abstraction. These three institutions simultaneously presented both emerging and established artists, such as Wolfgang Tillmans and Thomas Ruff, who created photograms with a virtual darkroom.

The boundary between abstraction and figuration in the *Paris* series is embodied, in particular, through the line of contrast that precedes the form.

The Line Precedes the Form

The abstraction of reality achieved through shadow implies that the purpose of the photographs resides in capturing the contrast between light and darkness, and that the dividing line between them creates the form.

As Hiroshi Sugimoto aptly put it: "When light shines, shadows fall upon existence. The shadow forms a natural mold for the non-shadow parts and gives visible shape to existing things. With their shadowy burden, those visible shapes are the spokespeople of existence" (*Hiroshi Sugimoto: Theatres*, New York, Damiani & Matsumoto Editions, 2016).

The choice of black and white allows the photographer to free themselves from colour and focus entirely on form. The interplay of light and shadow defines volumes within reality, and their integration into the composition generates form in the photograph.

This formal approach could be found in the paintings of André Marfaing, demonstrating that a single black-and-white contrast can create a pictorial form. Similarly, the visual language of painter Léon Spilliaert can be related to the vanishing points present in certain images in the *Paris* series. These lines of contrast echo the architectural photography of Lucien Hervé, particularly during his collaboration with the architect Le Corbusier.

Contrast also plays a fundamental role in tonal perception. Due to an optical effect, the greater the proportion of shadow within the image, the darker it will appear to the observer.

According to Serge Tisseron, photography is "an art of time as much as an art of space" (Serge Tisseron, *The Mystery of the Camera Lucida: Photography and the Unconscious*, Paris, Les Belles Lettres, 1996). Thus, time plays a crucial role in the execution of the *Paris* series, as each photograph captures a fleeting instant, constantly shaped by the sun's path. This intense light source produces stark contrasts, with zones of direct illumination on the verge of overexposure and shadowed areas approaching saturation. During photo sessions, only natural light was used to capture these ephemeral moments, ensuring that no two images of the same place would ever be identical.

Roland Barthes reflected on this temporal aspect of photography in *Camera Lucida*: "What Photography reproduces to infinity has only occurred once; it mechanically repeats what can never be existentially repeated" (Roland Barthes, *Camera Lucida: Reflections on Photography*, Paris, Éditions de l'Étoile, Gallimard, Le Seuil, 1980).

Similarly, Cardinal de Retz remarked on the importance of the instant: "There is nothing in this world that does not have a decisive moment" (Jean-François Paul de Gondi, Cardinal de Retz, *Memoirs*, Nancy, Éditions Jean-Baptiste Cusson, 1717). This quote was later adopted by Henri Cartier-Bresson in *The Decisive Moment* (1952), where he defined the concept of capturing the perfect balance between form and meaning in a photograph (Henri Cartier-Bresson, *The Decisive Moment*, Paris, Verve, 1952). Since then, the *decisive moment* has become emblematic of documentary-style photography.

The *Paris* series freezes in permanence a fleeting moment, not in a documentary sense, but in architectural representation. Its decisive character lies first in the symbolic and historical importance of the location, and then in the osmosis between the visual form and the significance of the location of the shot. Consequently, the series captures the moment when the shadow transcends the reality of a significant place.

"And yet, what remains decisive for photography is still and always the relationship of the photographer to his technique," wrote Walter Benjamin, in his *Small History of Photography* (Walter Benjamin, *A Small History of Photography*, Paris, Éditions Allia, 2012).

The high contrast in the *Paris* series presented a technical challenge, both in capturing the images and in printing them in black and white.

Beyond the Shadow

By using shadow, the series abstracts itself from reality, pushing the limits of photography's inherent qualities.

The phenomenon of the human eye adapting to darkness and contrast played a decisive role in both capturing and producing these photographs, requiring a series of deliberate technical choices.

The images were taken with a medium-format digital camera, whose large sensor replaces the traditional chemical negative, and a lens with a focal length close to human vision. The digital files were refined, not through artificial intelligence, but purely to correct minor elements that might detract from the composition's simplicity, thus ensuring the authenticity of the captured scene and the timeless quality of Paris. This meticulous preparation minimised the risks associated with printing, which is entrusted to a professional laboratory under the photographer's direct supervision.

While the series follows the modernist tradition of photography, it distinguishes itself through digital refinement, allowing for a level of perfection beyond what analogue photography could achieve.

The subtlety of shadow and the fine balance before black saturation posed significant technical challenges during both photographic production and book printing. The prints were created using the Carbon Piezography technique on baryta paper, a method that projects pure black carbon pigment to achieve an extensive range of greys. This approach ensures a longevity and tonal richness that surpass traditional gelatin silver prints, while also maintaining the density of the blacks. Similarly, this book's duotone production required two Pantone blacks and one grey, printed on semi-matte coated paper to render shadow details with precision and depth.

When faced with photographic reproduction, the viewer initially perceives contrast in its totality: shadowed areas appear extremely dark in opposition to illuminated areas. At first glance, only the bright lines arise from the darkness, rendering the photograph seemingly simple and pure in its flatness. However, after a brief period of eye adaptation, comparable to the process of developing night vision, the details within the shadows begin to emerge. This layered perception enriches the experience, adding complexity and depth to the reading of the image.

To fully engage with the work, the viewer must pause and allow the evocative power of abstract photography to take effect. Thus, the minimalist representation of Paris transforms the city into a *sensible world.*

Considering art as the projection of an internal emotion, replicating the psychological shock that gives rise to it, the *Paris* series aligns with the vision of Otto Steinert, leader of the Subjective Photography (Subjektive Fotografie) movement. This series suggests a certain idealisation of Paris, sublimating reality so that it embodies the projection of an inner world rather than a direct representation of the external one.

The series paradoxically calls upon the shadowy elements of both the real world, the photographer, and the viewer to reveal that, as Albert Renger-Patzsch stated, "The world is beautiful" (Albert Renger-Patzsch & Carl Georg Heise, *Die Welt ist schön: Einhundert photographische Aufnahmen*, Munich, Kurt Wolff Verlag, 1928).

Through an interplay of perception, the darkness of shadow is never absolute, and the visual capacity of the audience focused on the photographs make them become autonomous objects. This process of gazing beyond shadow can be compared to Pierre Soulages' *Outrenoirs* paintings, in which light reflections on black paint ridges reveal hidden textures, volumes, and movement perceived differently by each observer.

By structuring itself through shadow, this vision of Paris places photography in dialogue with other artistic disciplines.

Perspectives

The representation of reality, a central artistic concern, has continuously evolved, leading to multidisciplinary explorations where creative boundaries are fluid.

Painting, as a visual art, has influenced photography and vice versa. Some painters have drawn inspiration from photography in their artistic explorations. Francis Bacon, Andy Warhol, and Gerhard Richter have created artworks based on press photographs of accidents, transforming documentary imagery into new visual expressions.

The artistic trajectories of Kazimir Malevich, František Kupka, Joan Miró, Anna-Eva Bergman, and Jean Degottex illustrate how form has evolved towards abstraction and, ultimately, radical minimalism.

Sculpture, too, has explored minimalism and abstraction, as seen in the works of Richard Serra and Bernar Venet. These artists have also experimented with printmaking techniques (engraving, lithography, and screen printing), aligning with the practices of Pierre Soulages in their diversity of artistic expression.

The confrontation of these disciplines with abstraction demonstrates the existence of a shared artistic investigation that goes beyond reality through the unique attributes of each medium.

The pursuit of form in photography may seem like an illusory search for beauty, yet it is based on the same foundations as documentary photography: the human condition. While the photographic document makes it visible, aesthetics transcend it.

The photographic medium has numerous dimensions, both technical and artistic, defining its singularity and justifying its success since its invention.

Ultimately, it is no surprise that for much of the 19th and nearly all of the 20th century, the undisputed capital of the arts was Paris.

Bruno Sassarone

PARIS, 2016-2025

Basilique du Sacré-Cœur, Montmartre, 2016

Jeu de Paume, Place de la Concorde, 2016

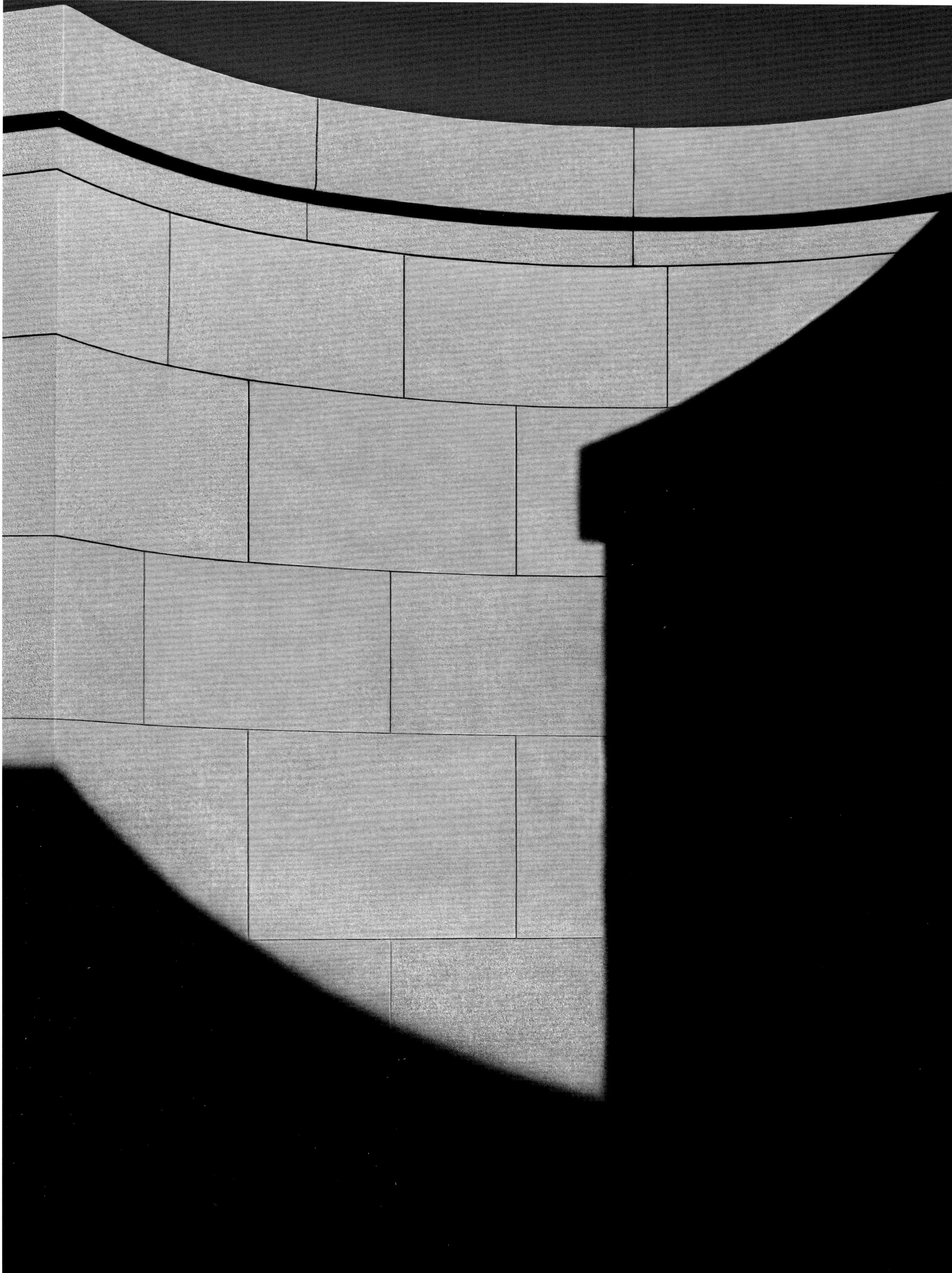

Aile Richelieu, Musée du Louvre, 2022

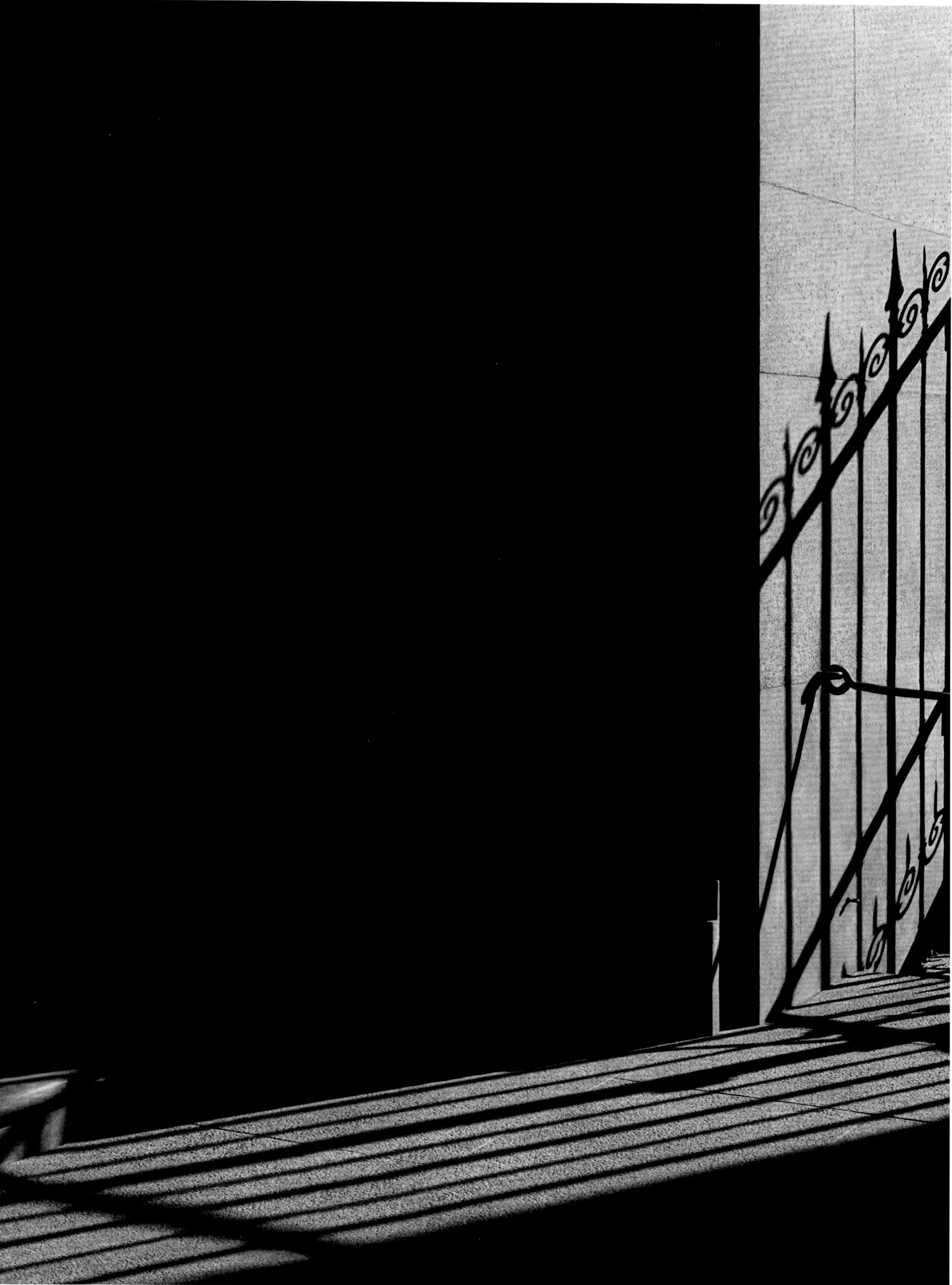

Pont du Carrousel, 2019

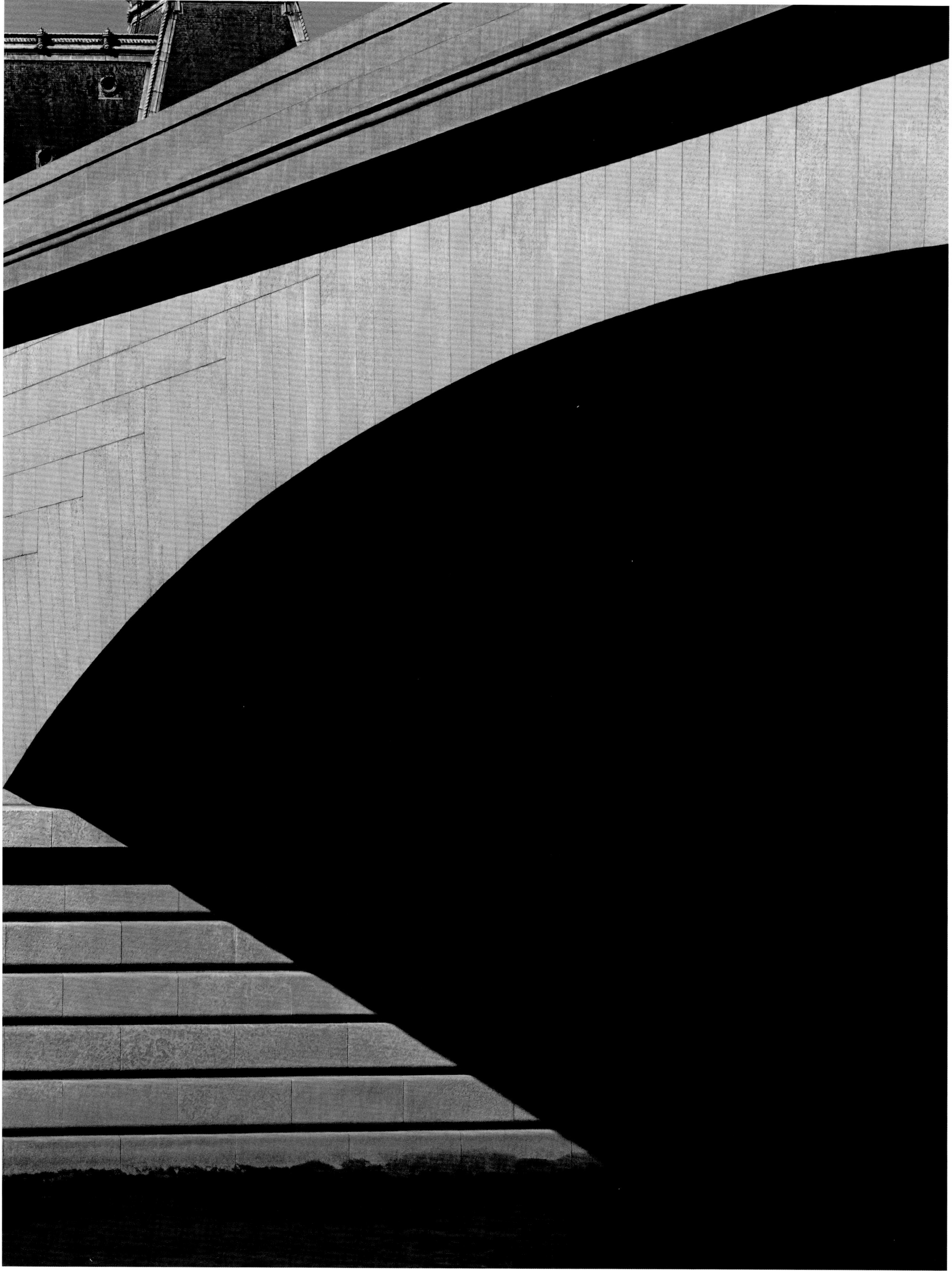

Arc de Triomphe, 2019

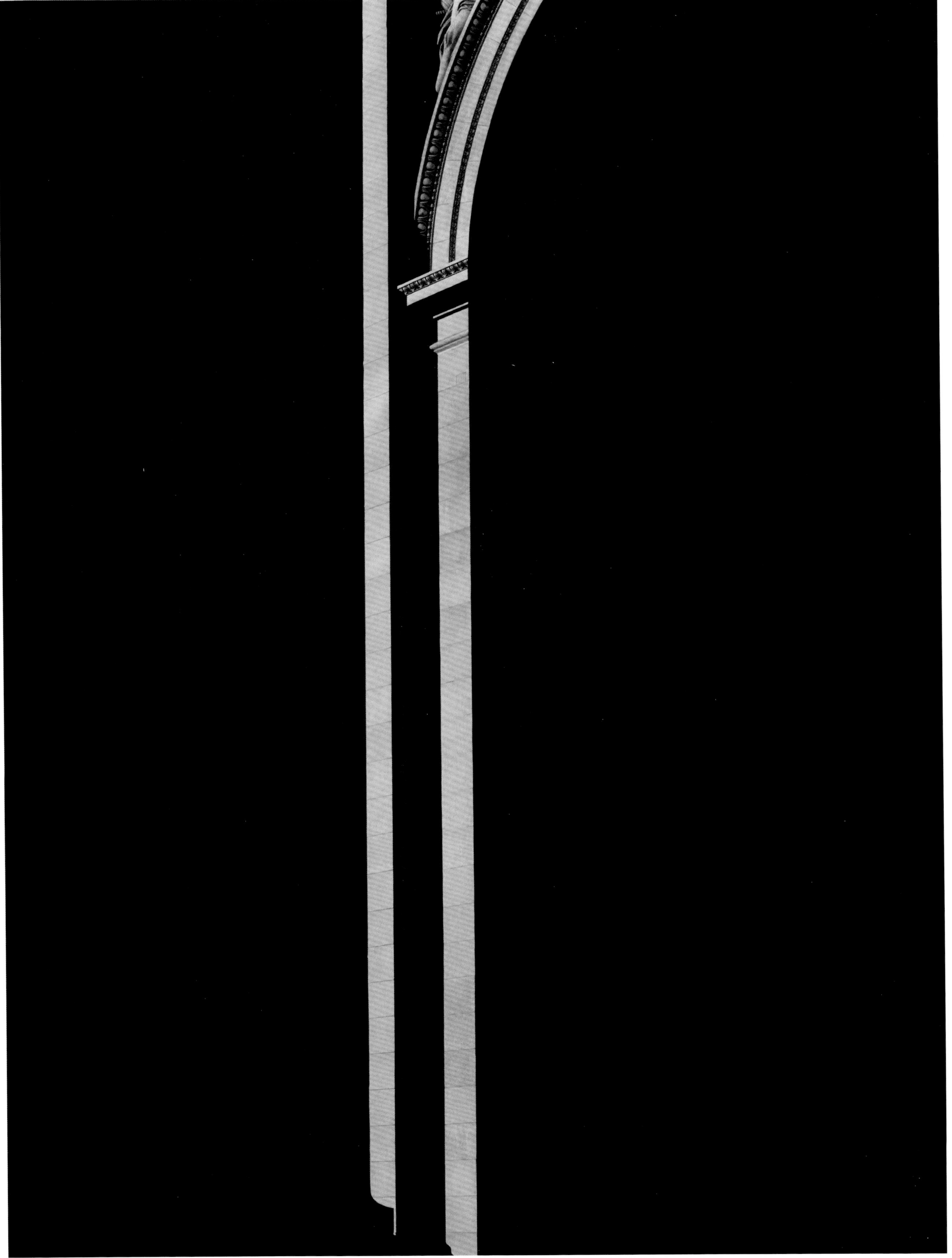

Pont du Carrousel, 2016
Monument à Simon Bolivar, Cours la Reine, 2016

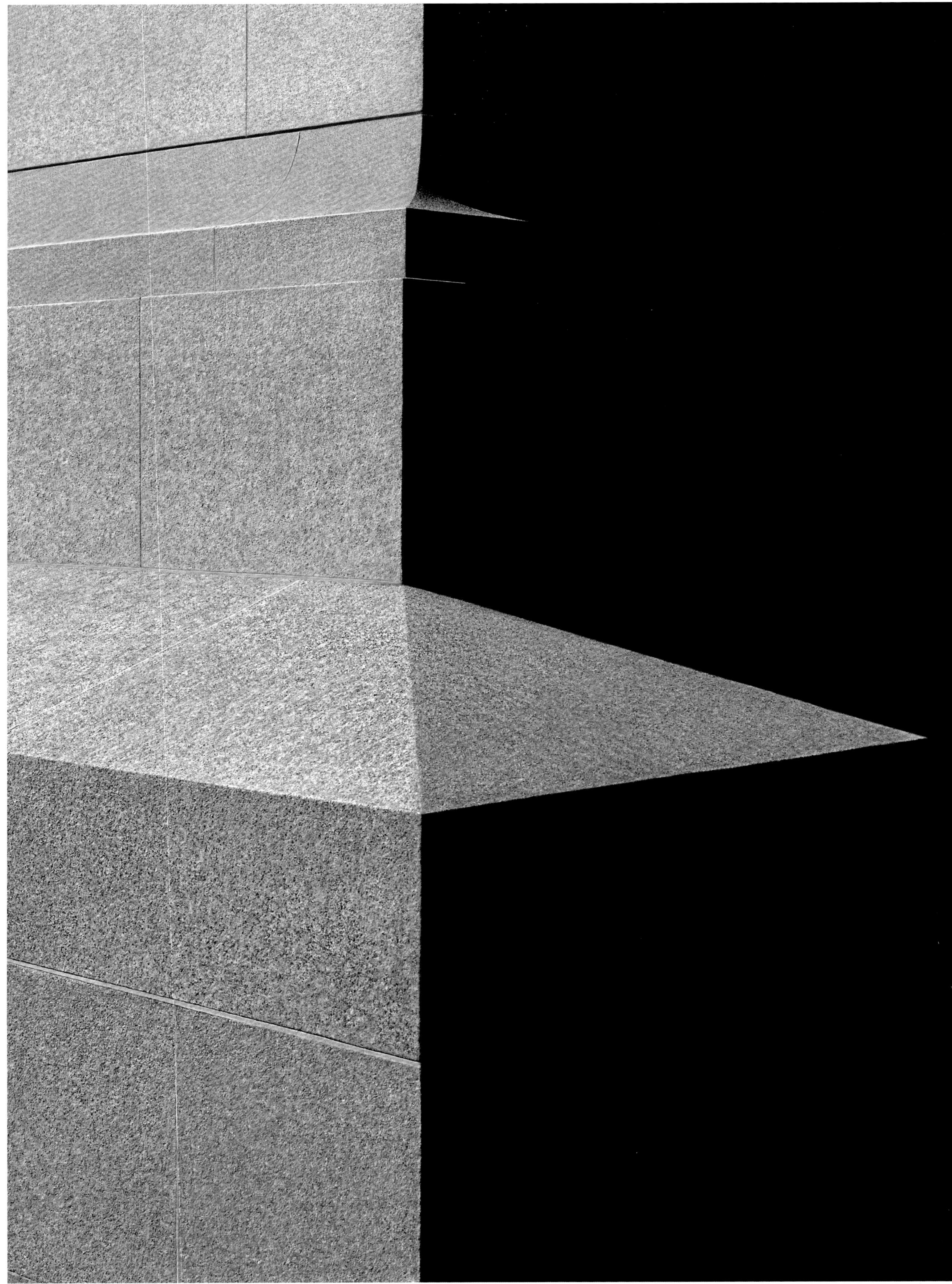

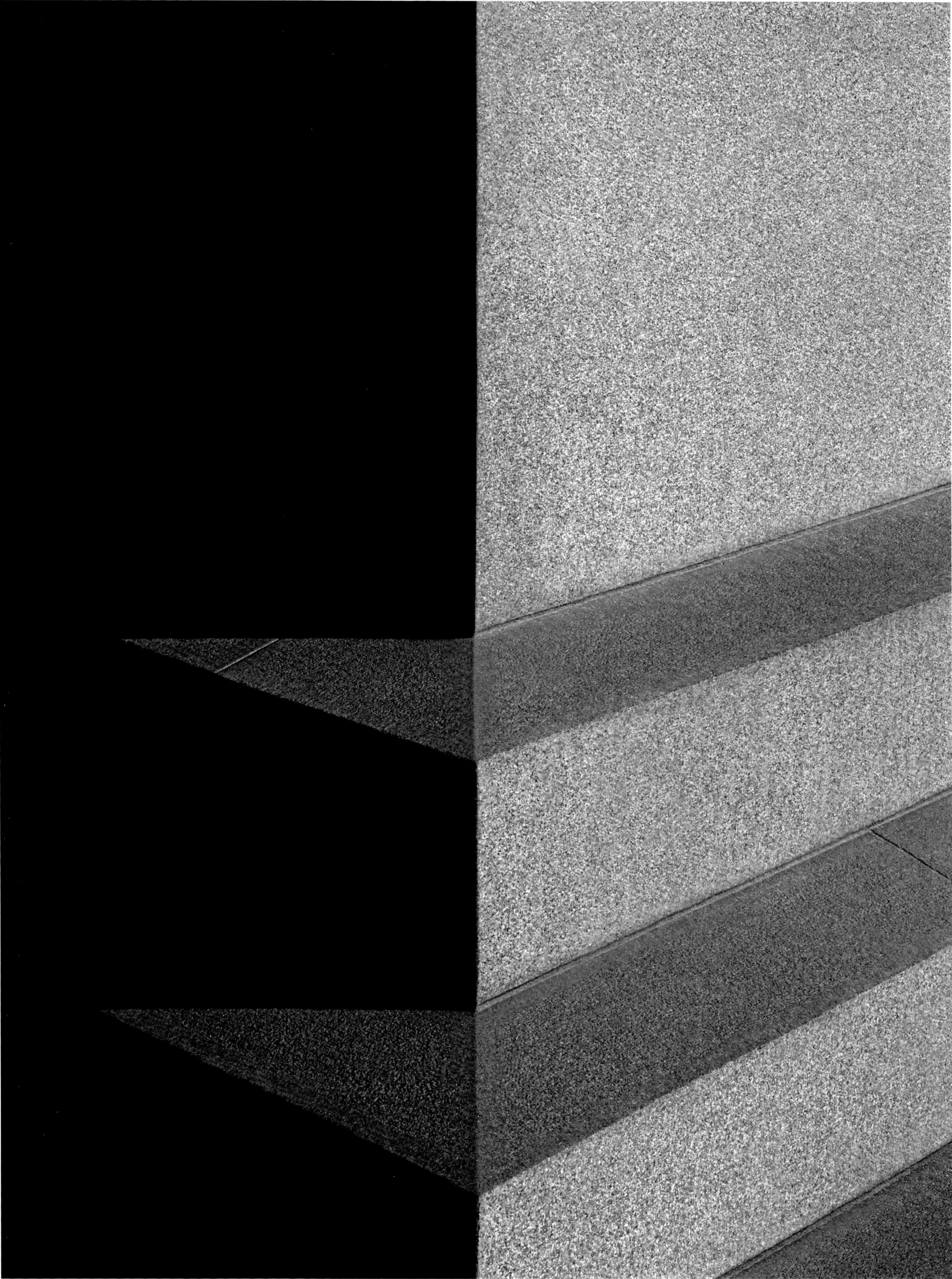

Opéra Garnier, 2024

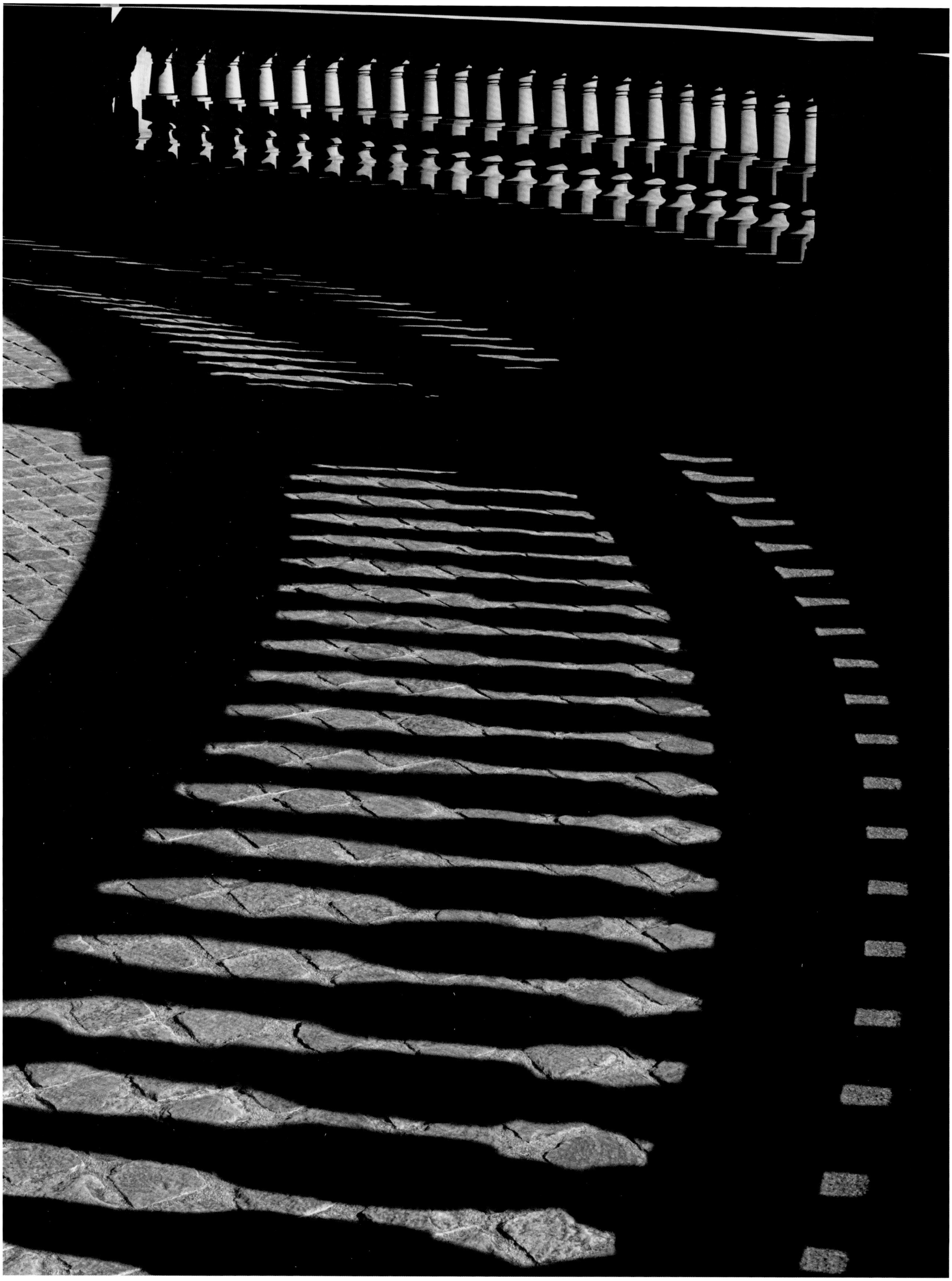

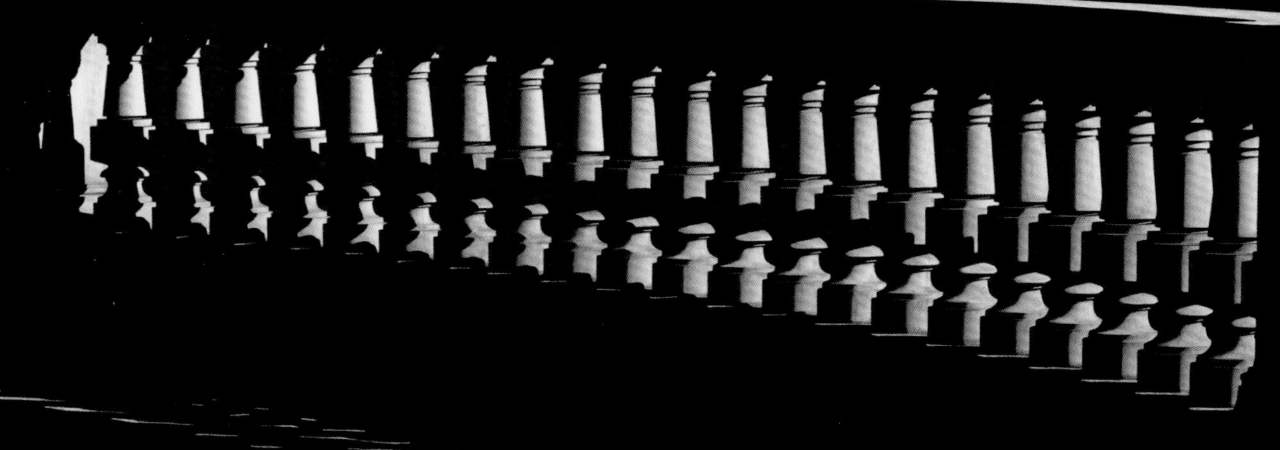

Pont Royal, 2016

Pont Alexandre III, 2016

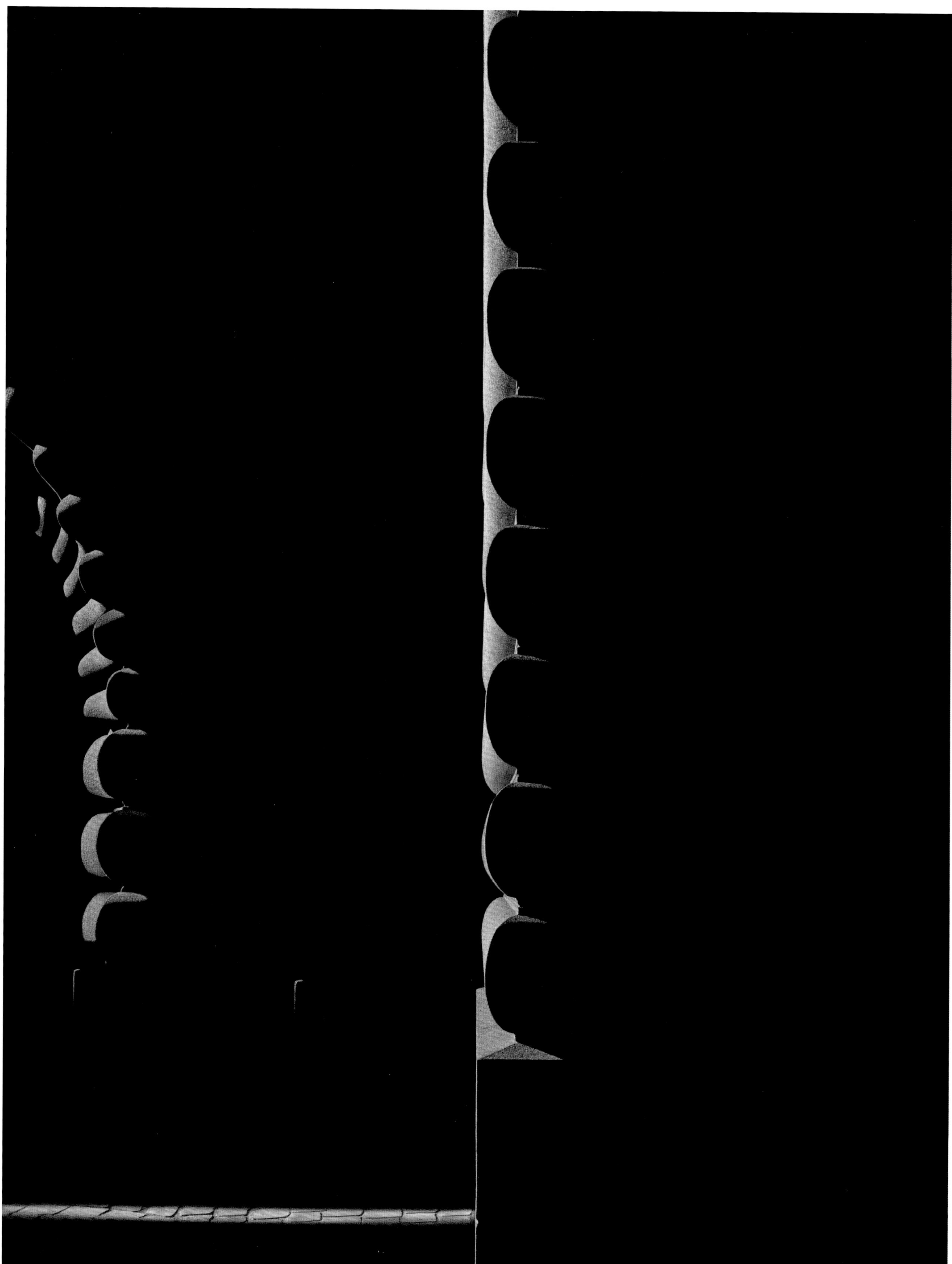

Place Vendôme, 2025

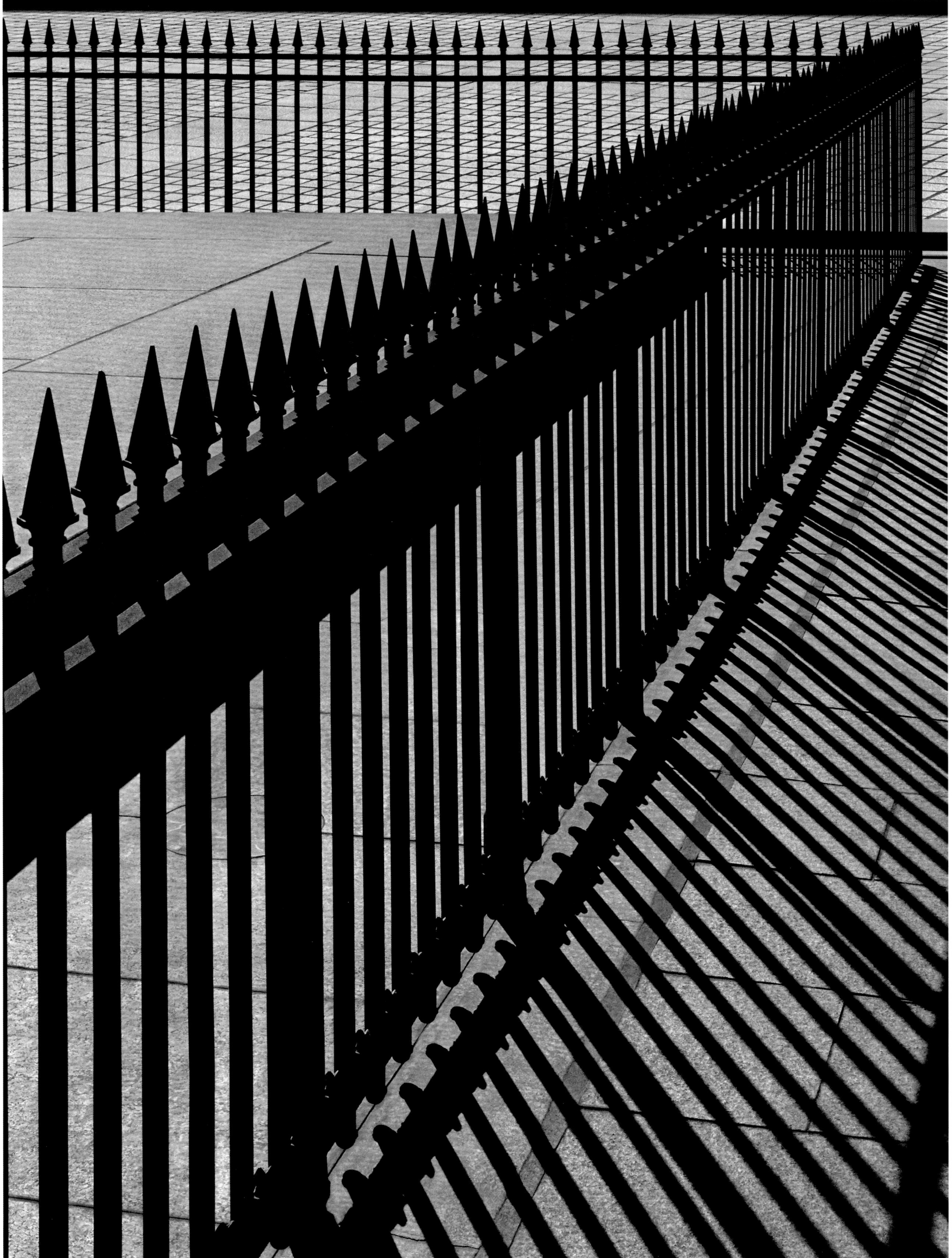

Palais de Chaillot, Parvis du Trocadéro, 2016
Cour Napoléon, Musée du Louvre, 2016

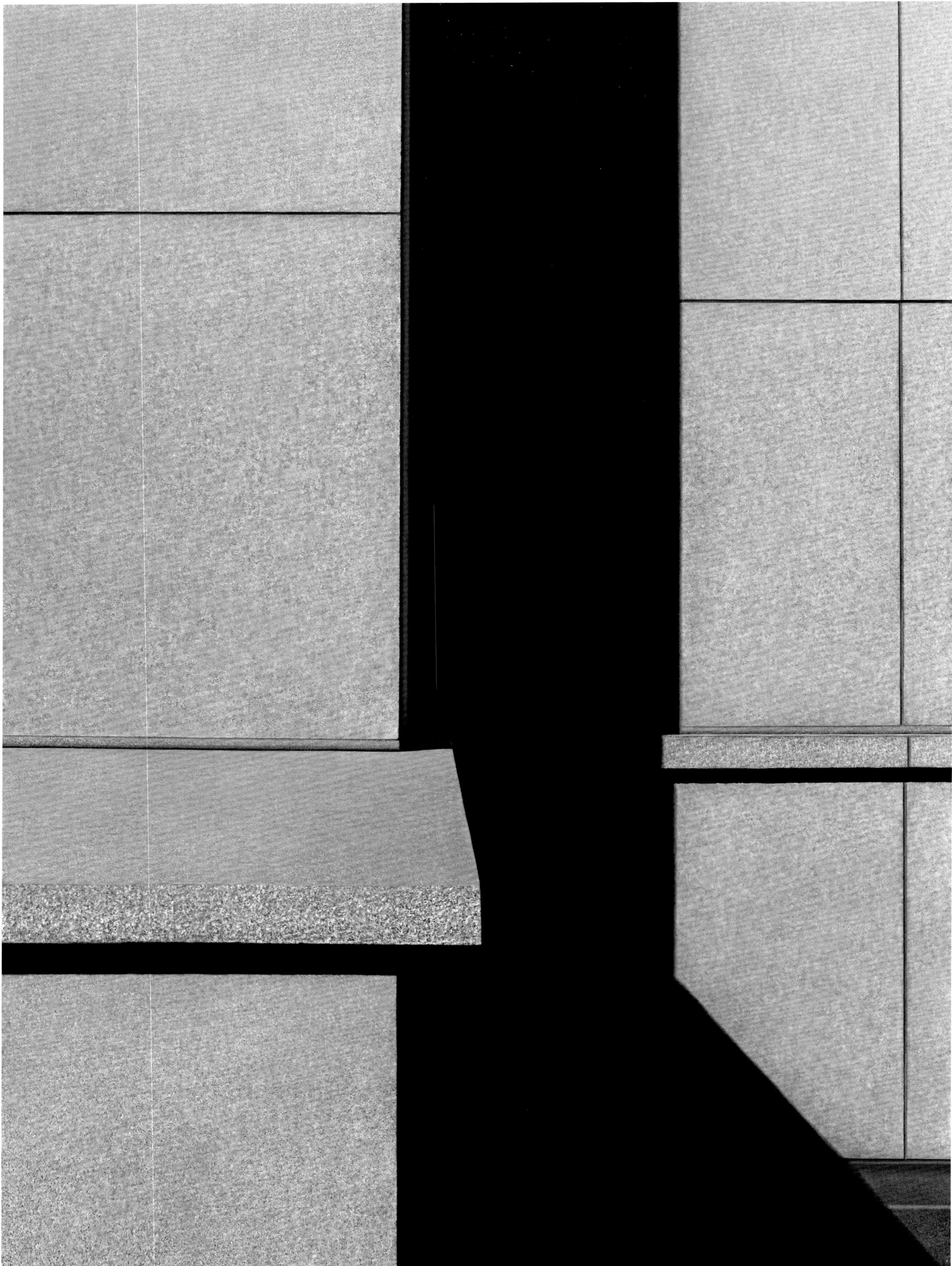

Parc Monceau, 2024

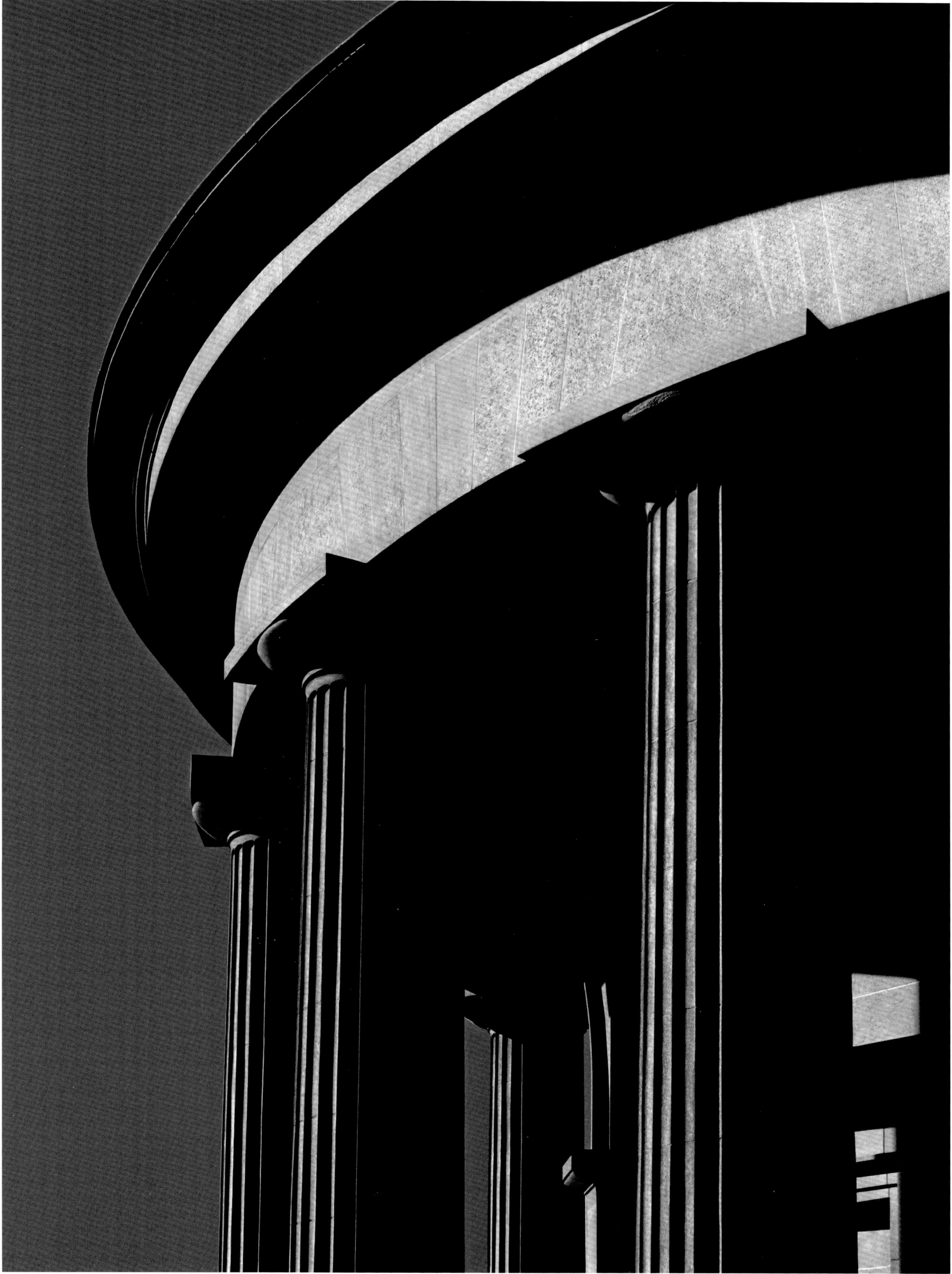

Opéra Bastille, 2016

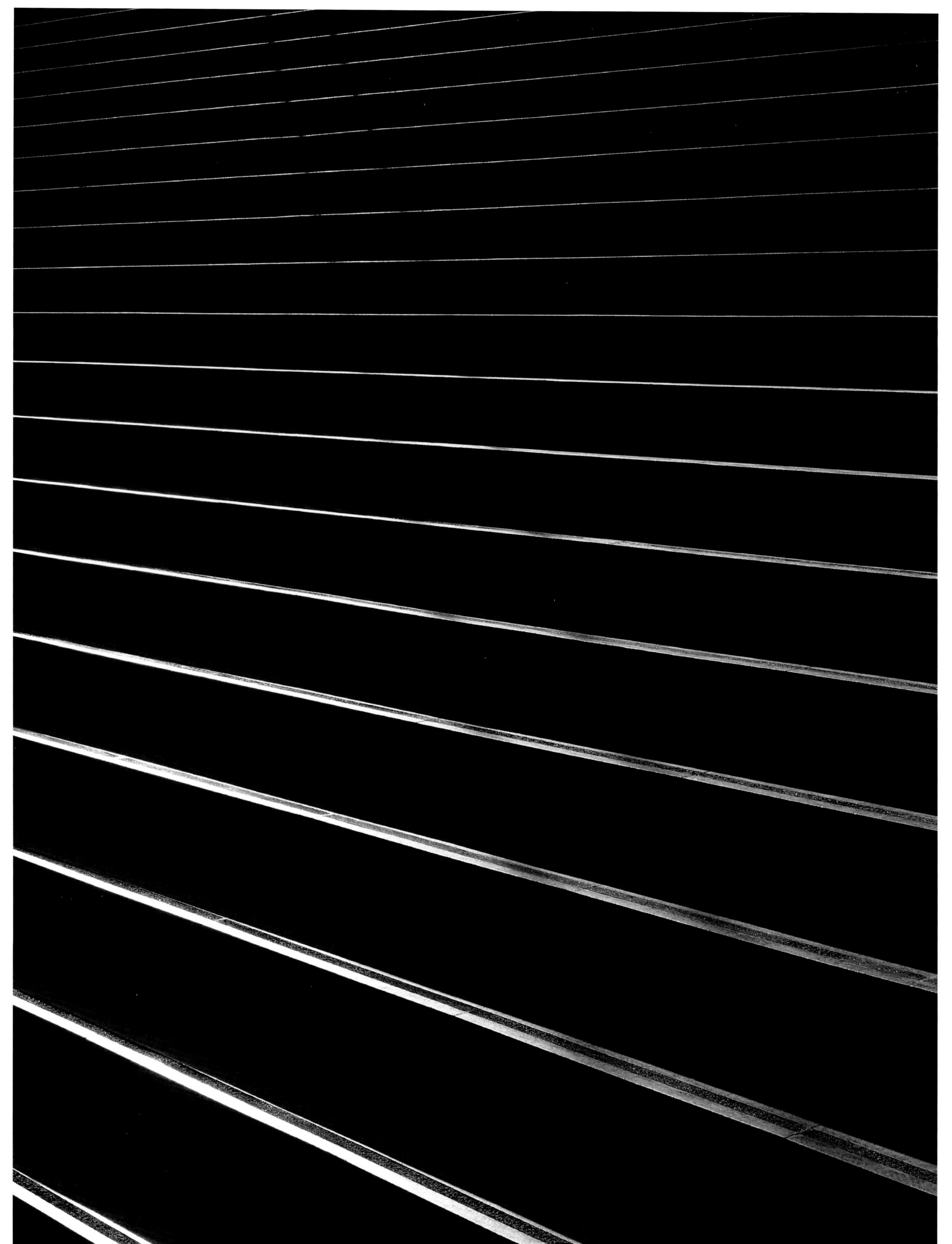

Pont Royal, 2022

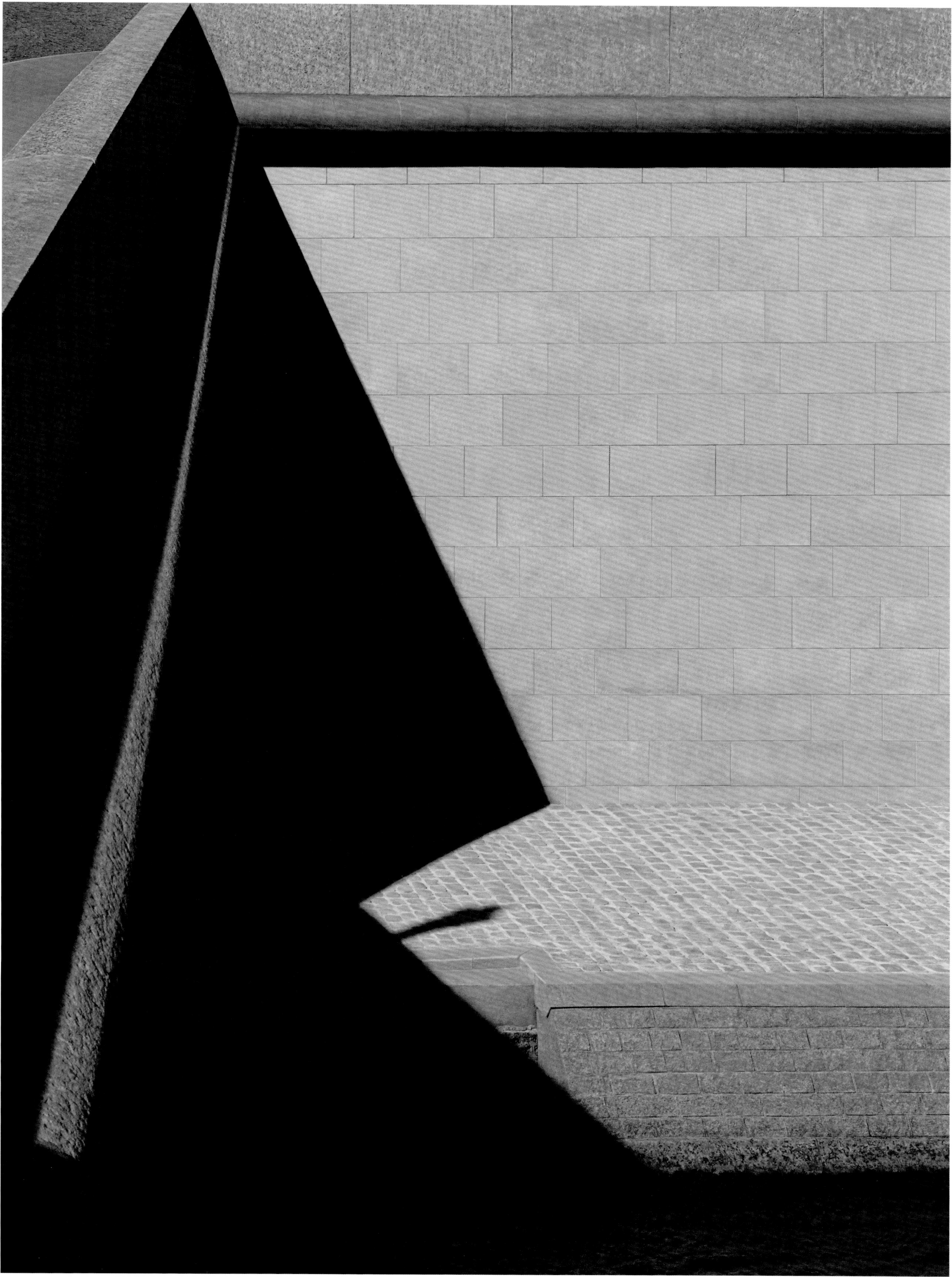

Palais de Tokyo, 2016

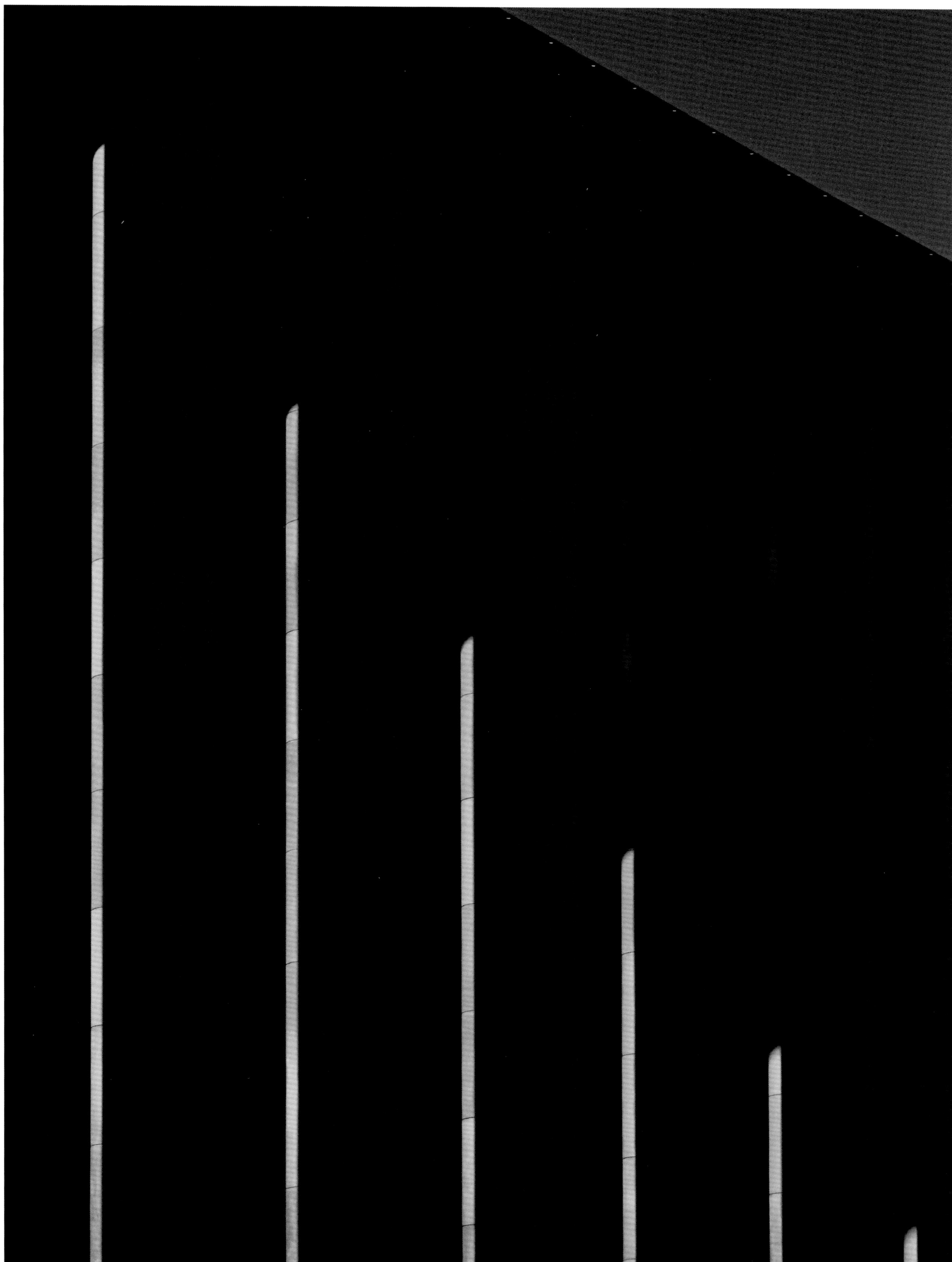

Pont Alexandre III, 2017

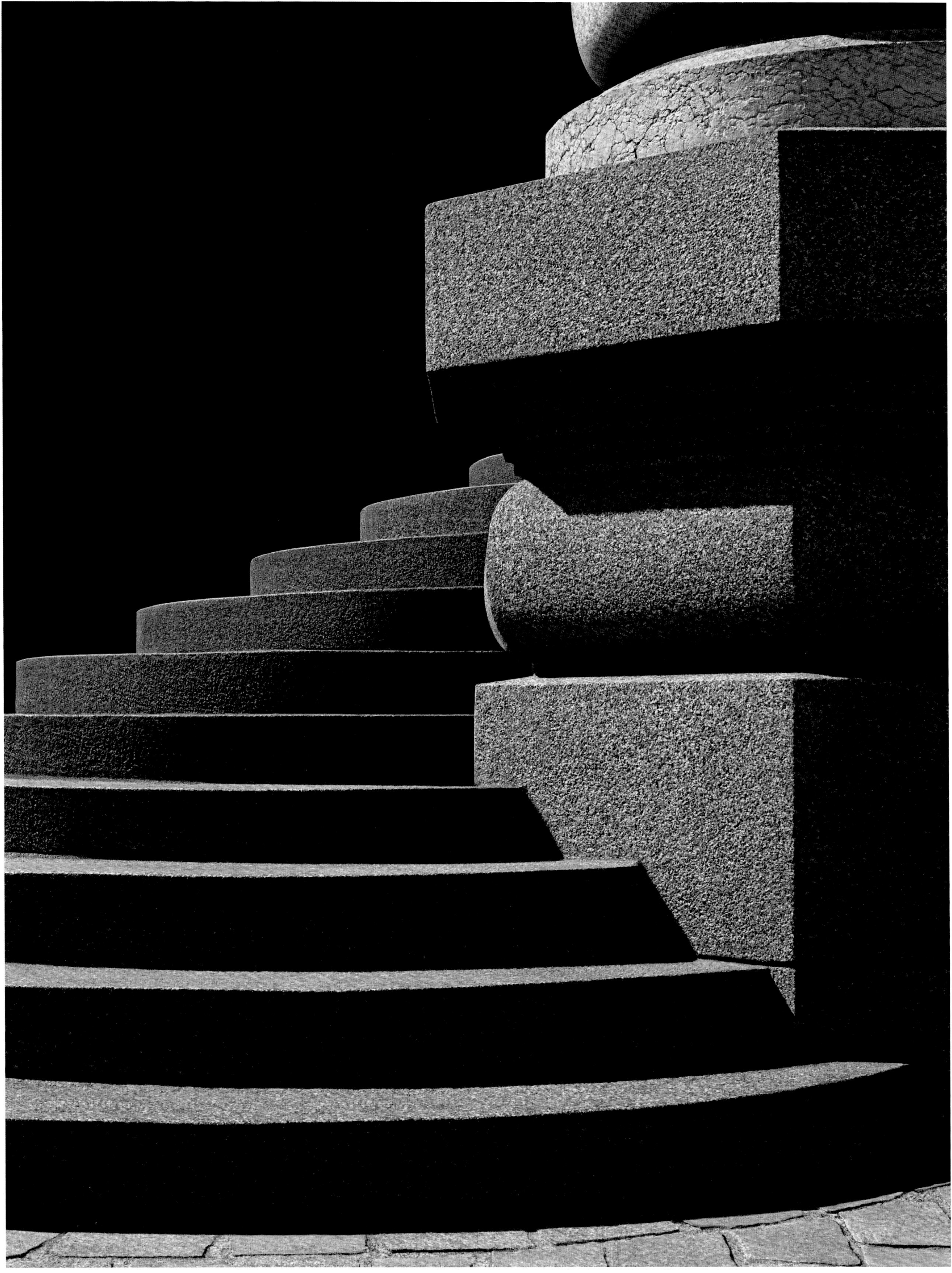

Statue équestre du Maréchal Foch, Place du Trocadéro, 2017
Pont d'Iéna, 2019

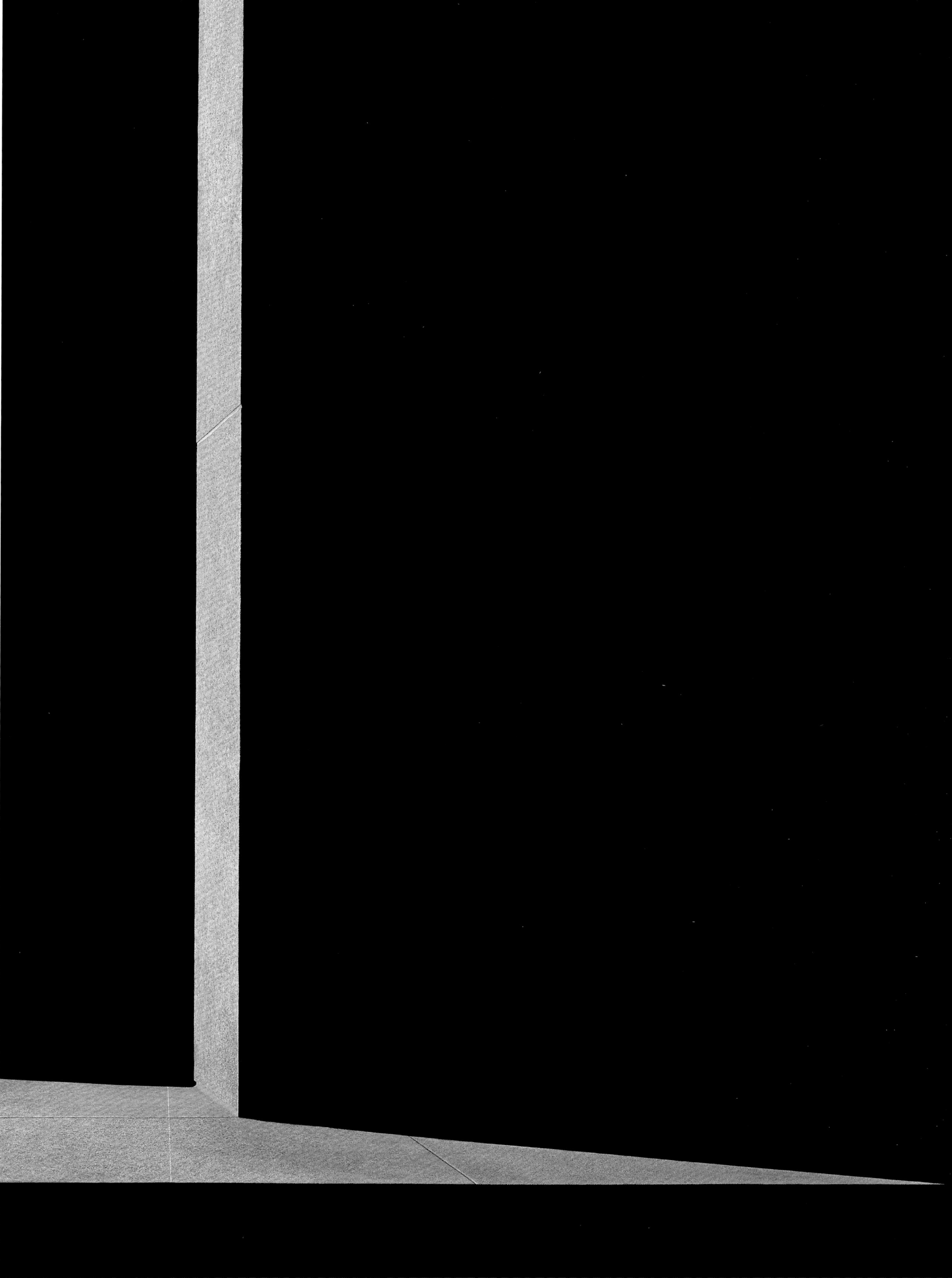

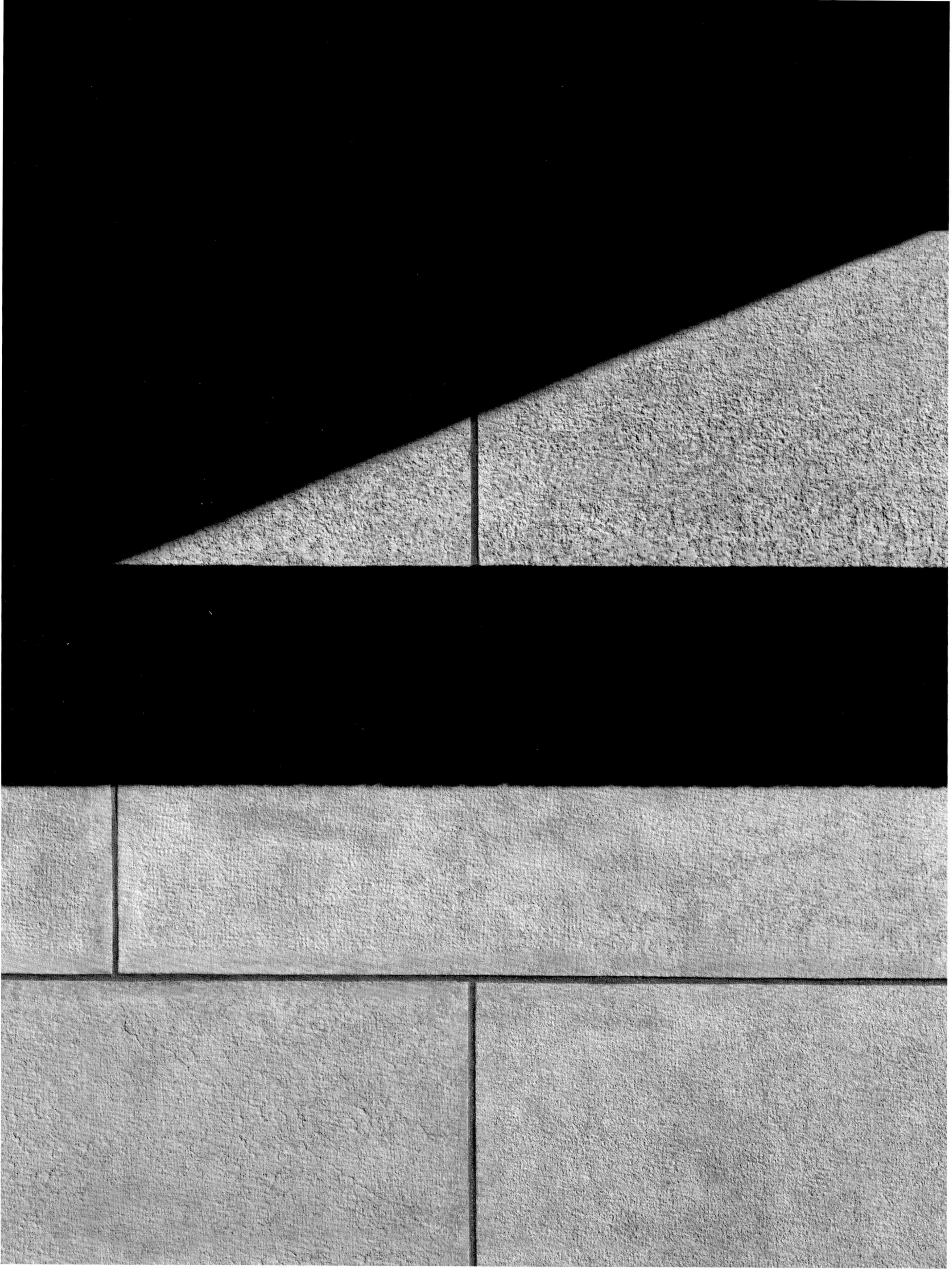

Palais d'Iéna, 2019

Pont Neuf, 2024

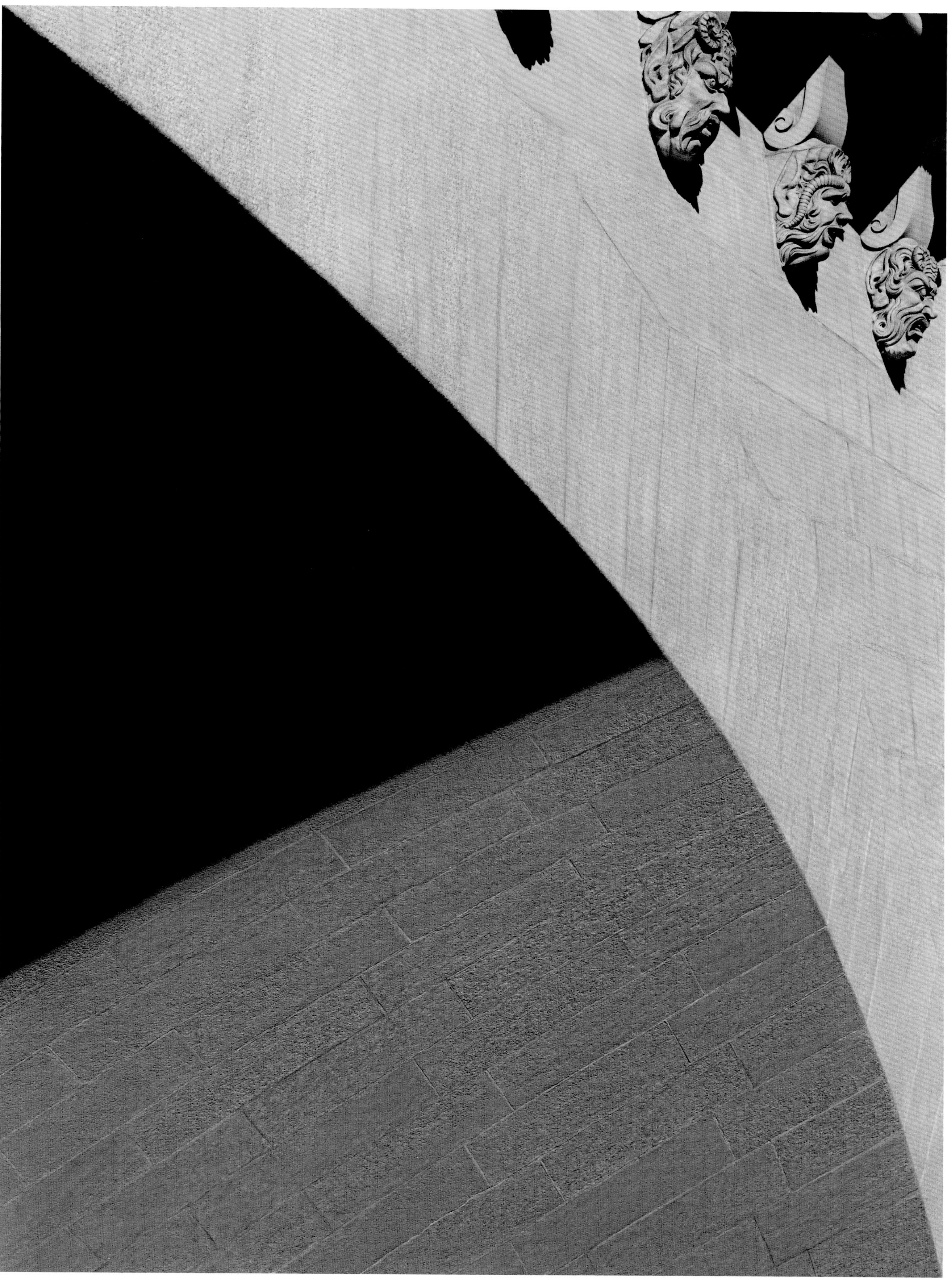

Palais de Chaillot, Parvis du Trocadéro, 2022

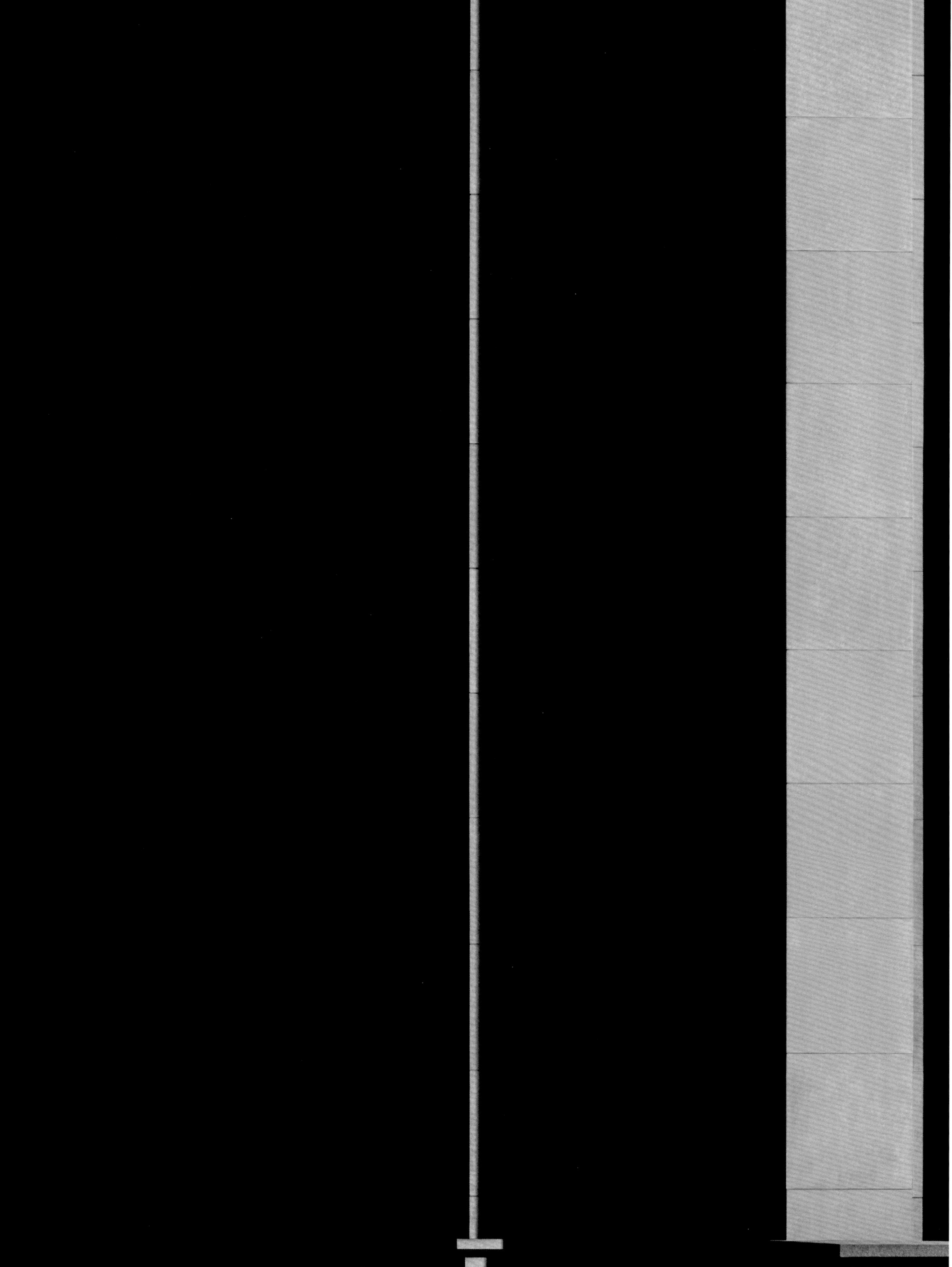

Cour Carrée, Musée du Louvre, 2022

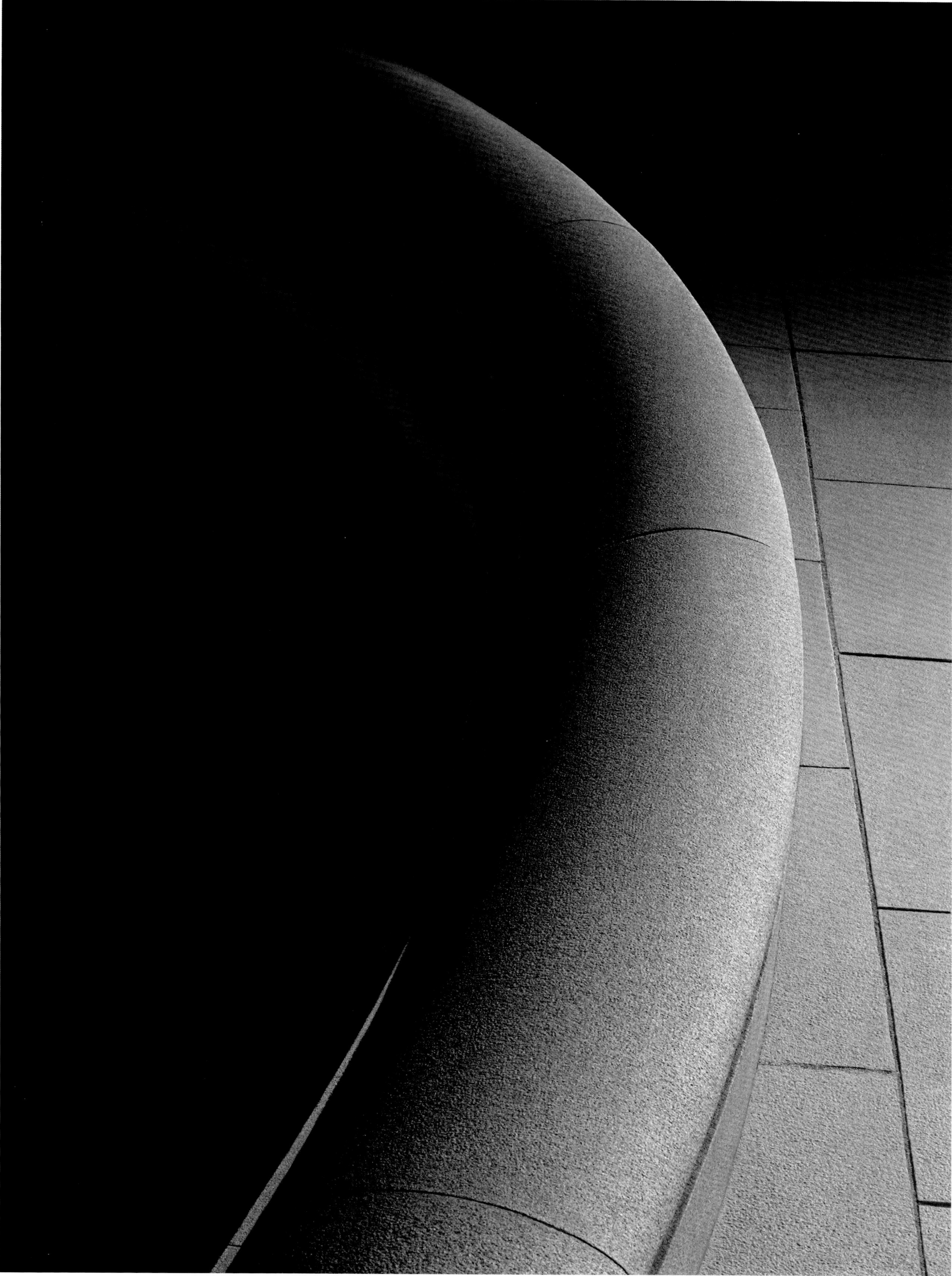

Jardin des Tuileries, 2017
Place des Vosges, 2017

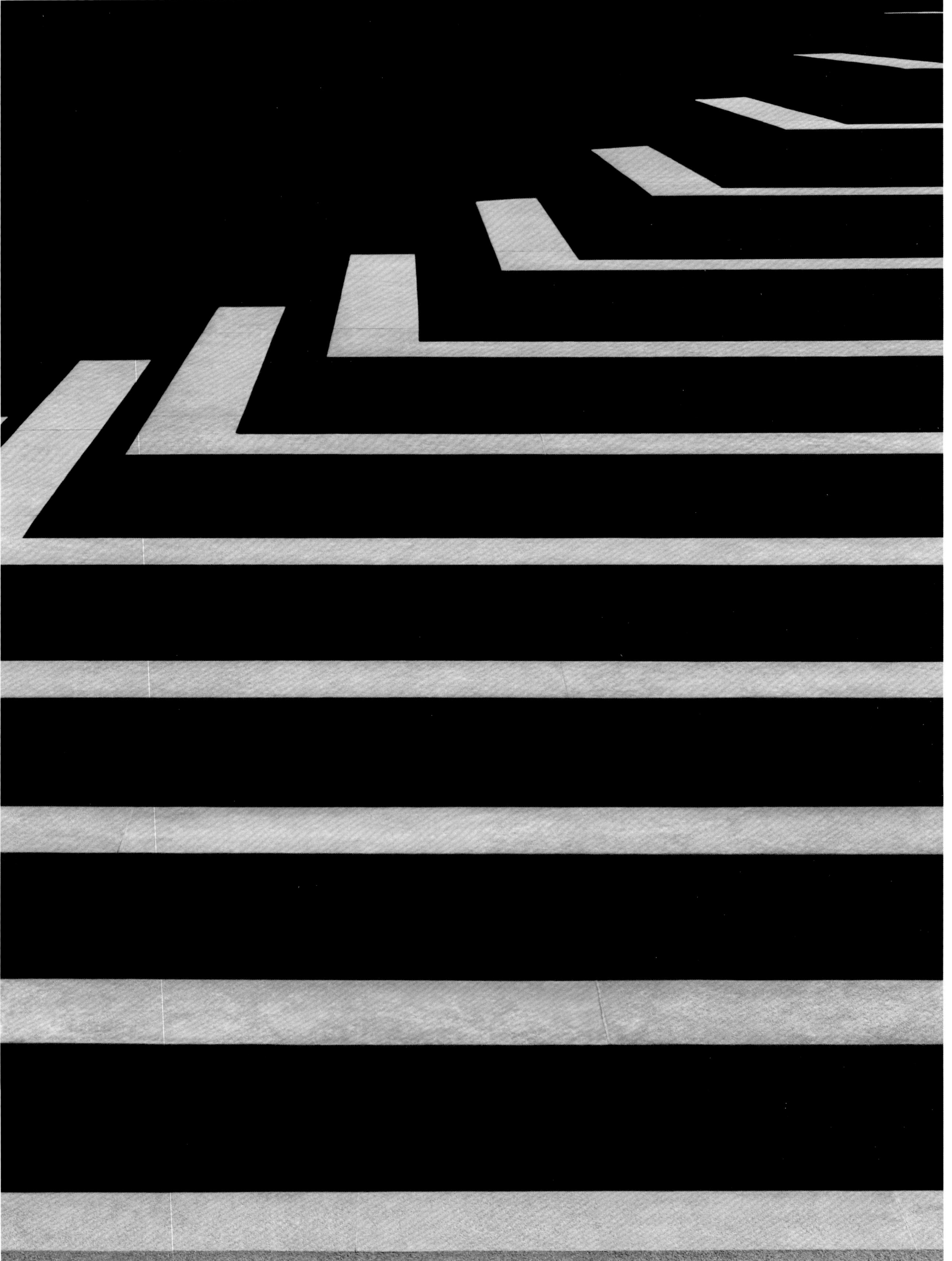

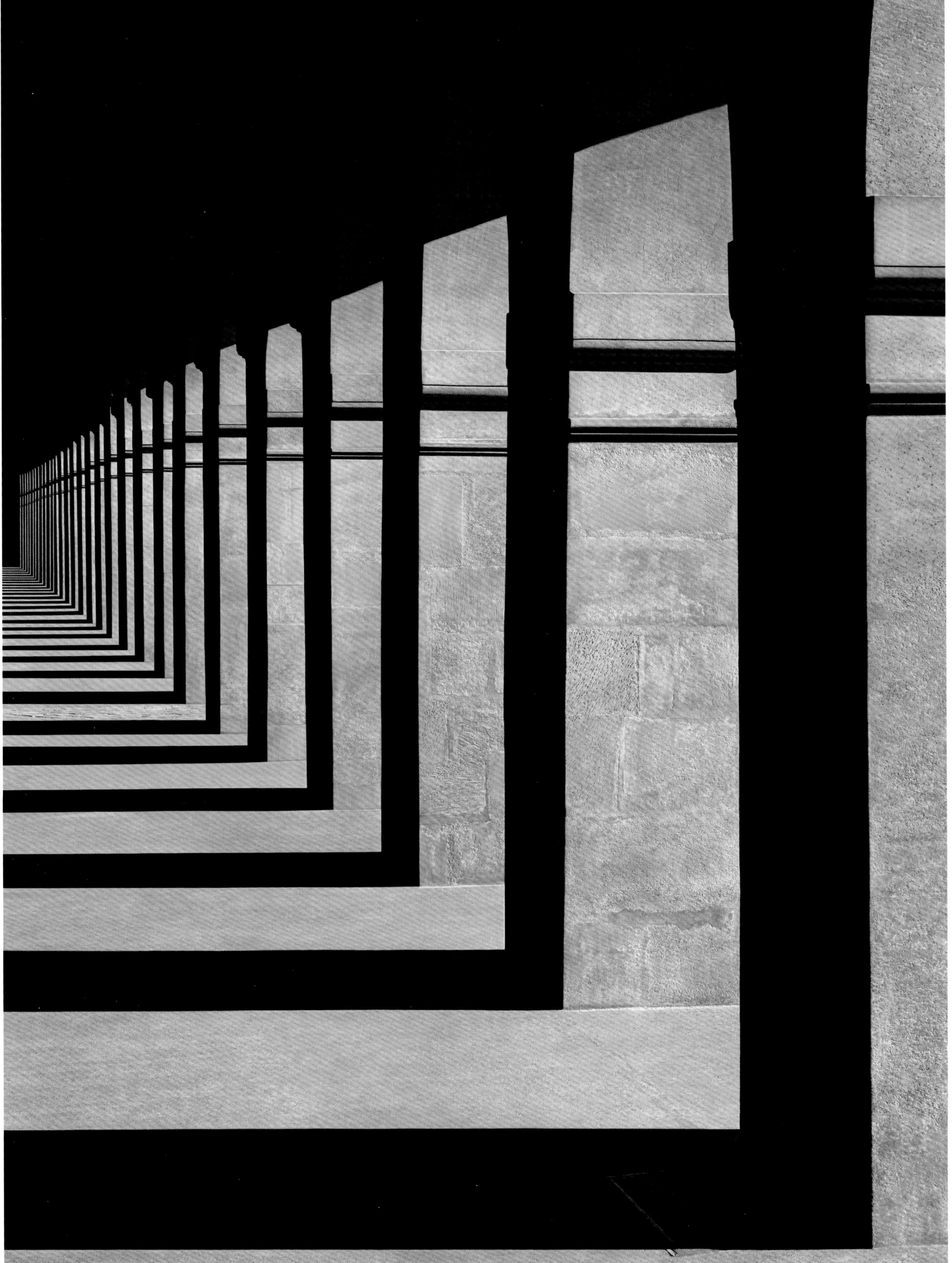

Cathédrale Notre-Dame de Paris, 2024

Tour Eiffel, 2024

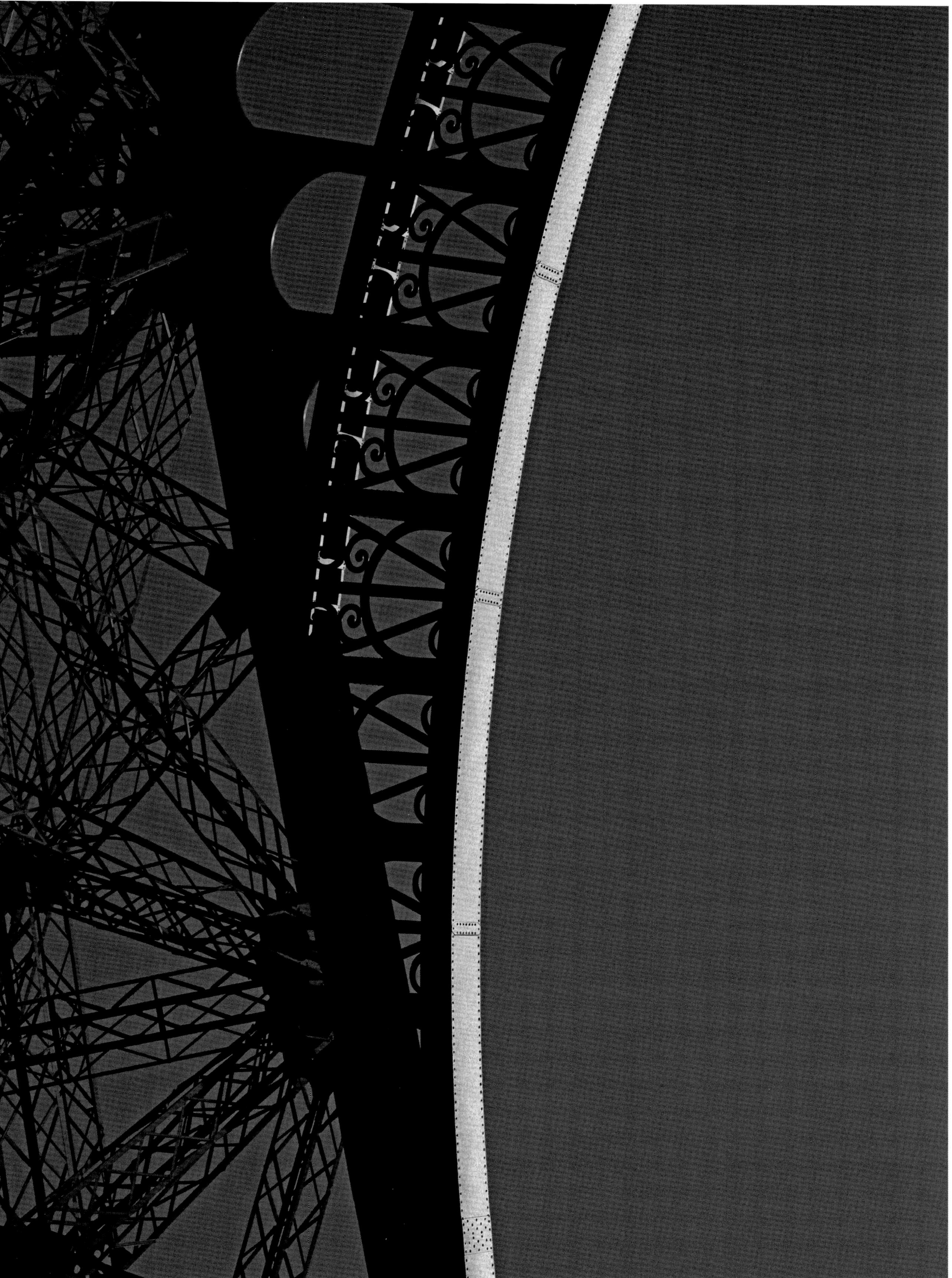

Panthéon, 2019

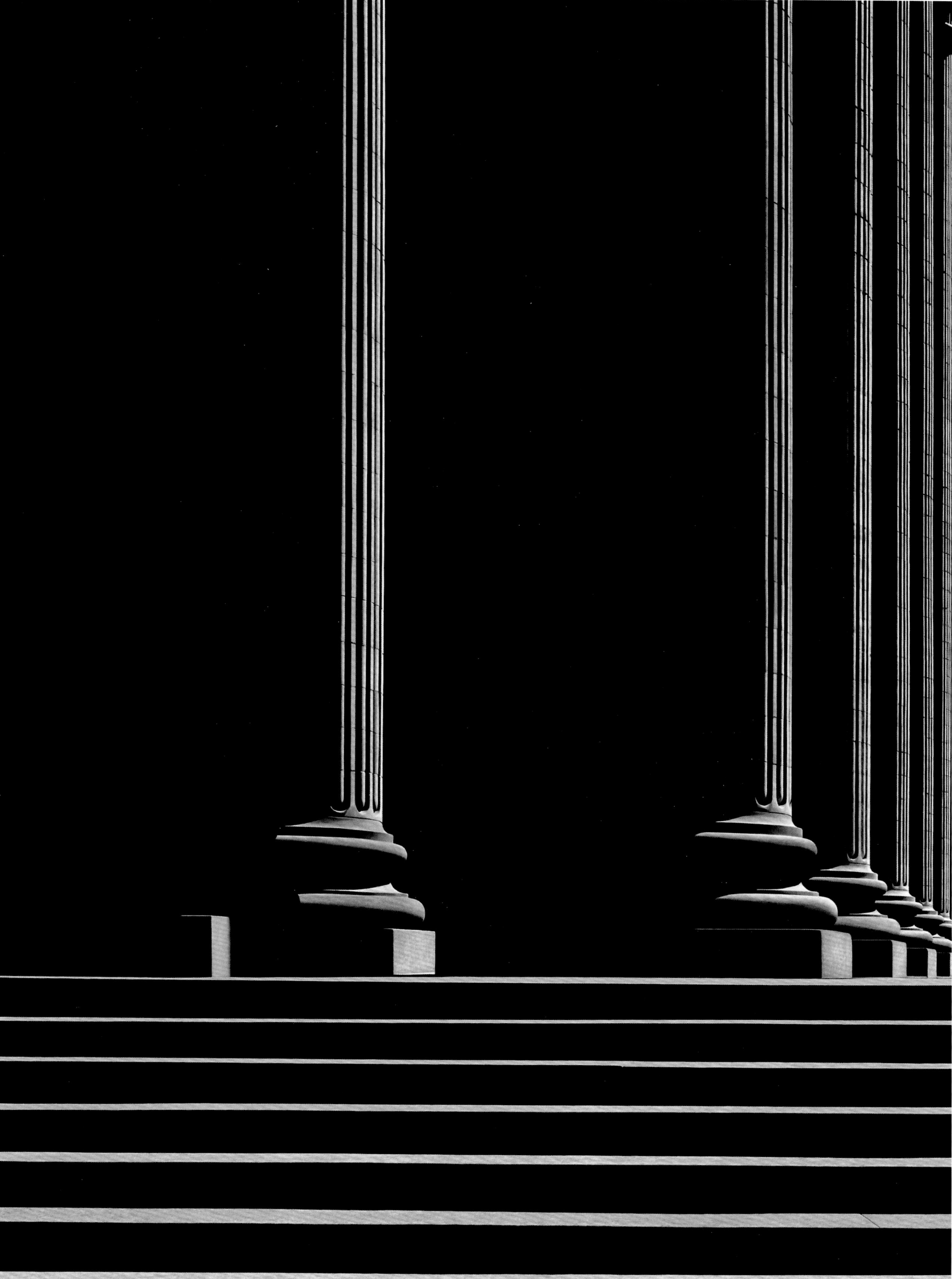

Palais de Tokyo, 2016

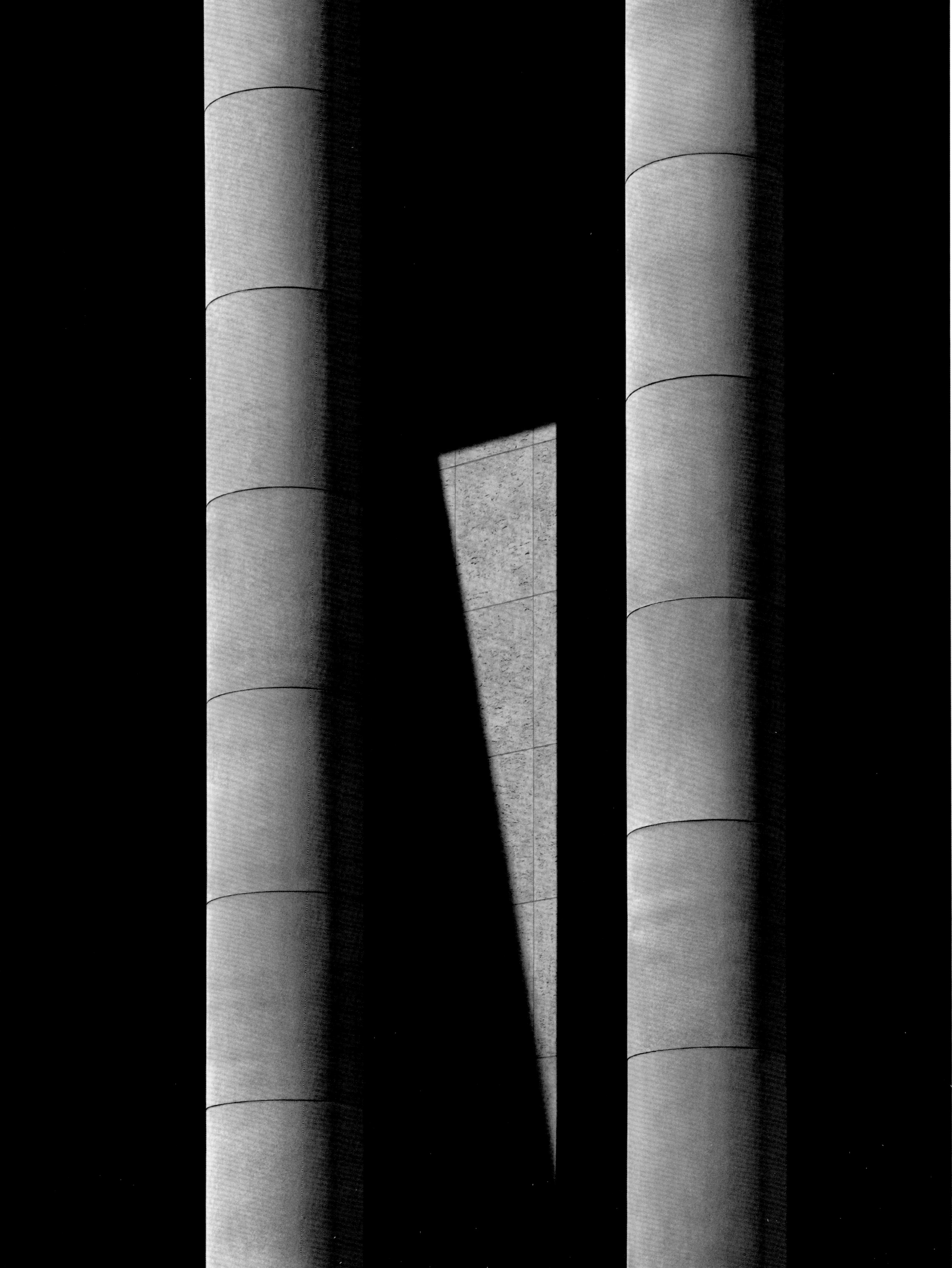

Quai des Tuileries, 2022
Quai des Tuileries, 2016

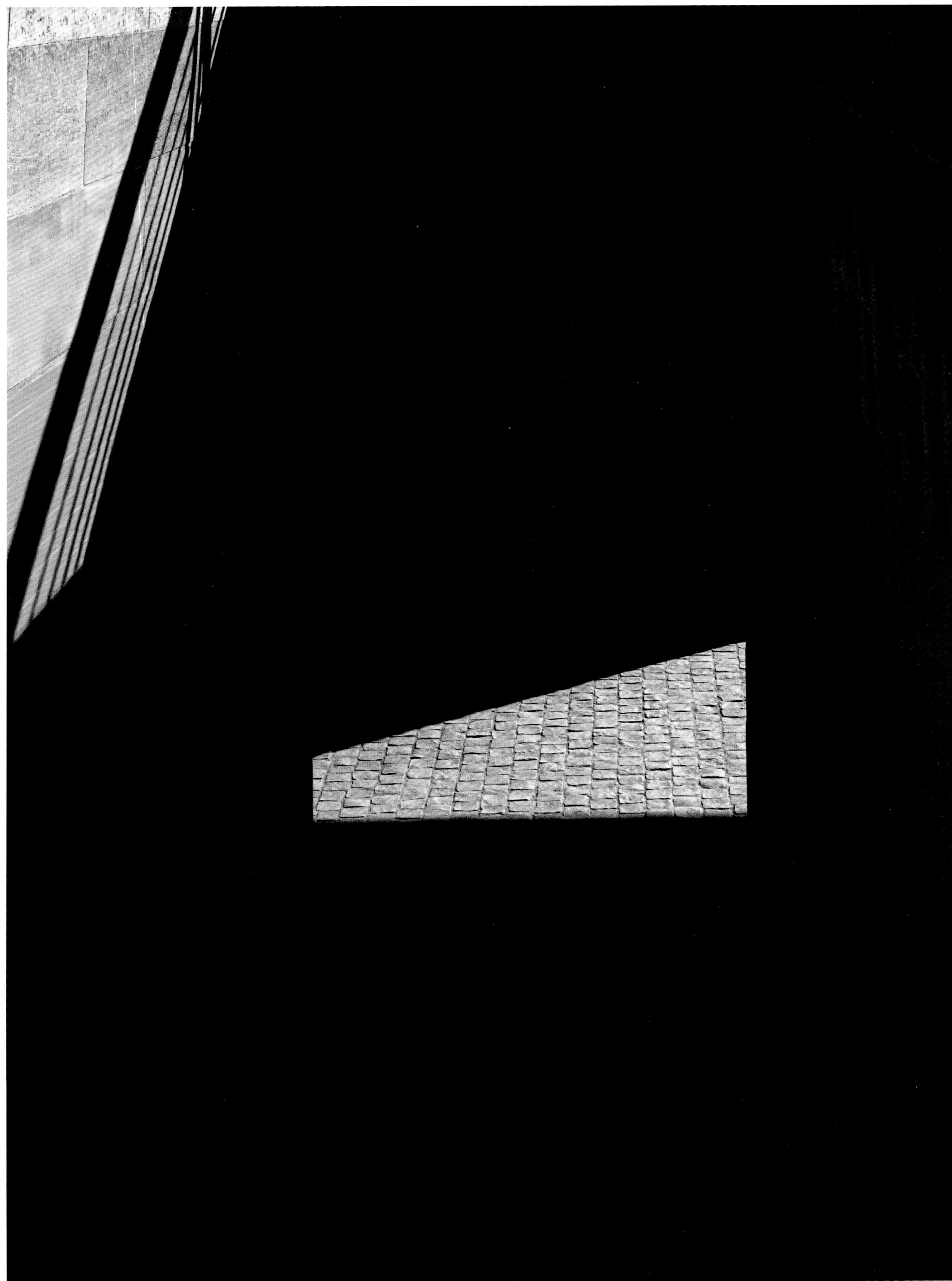

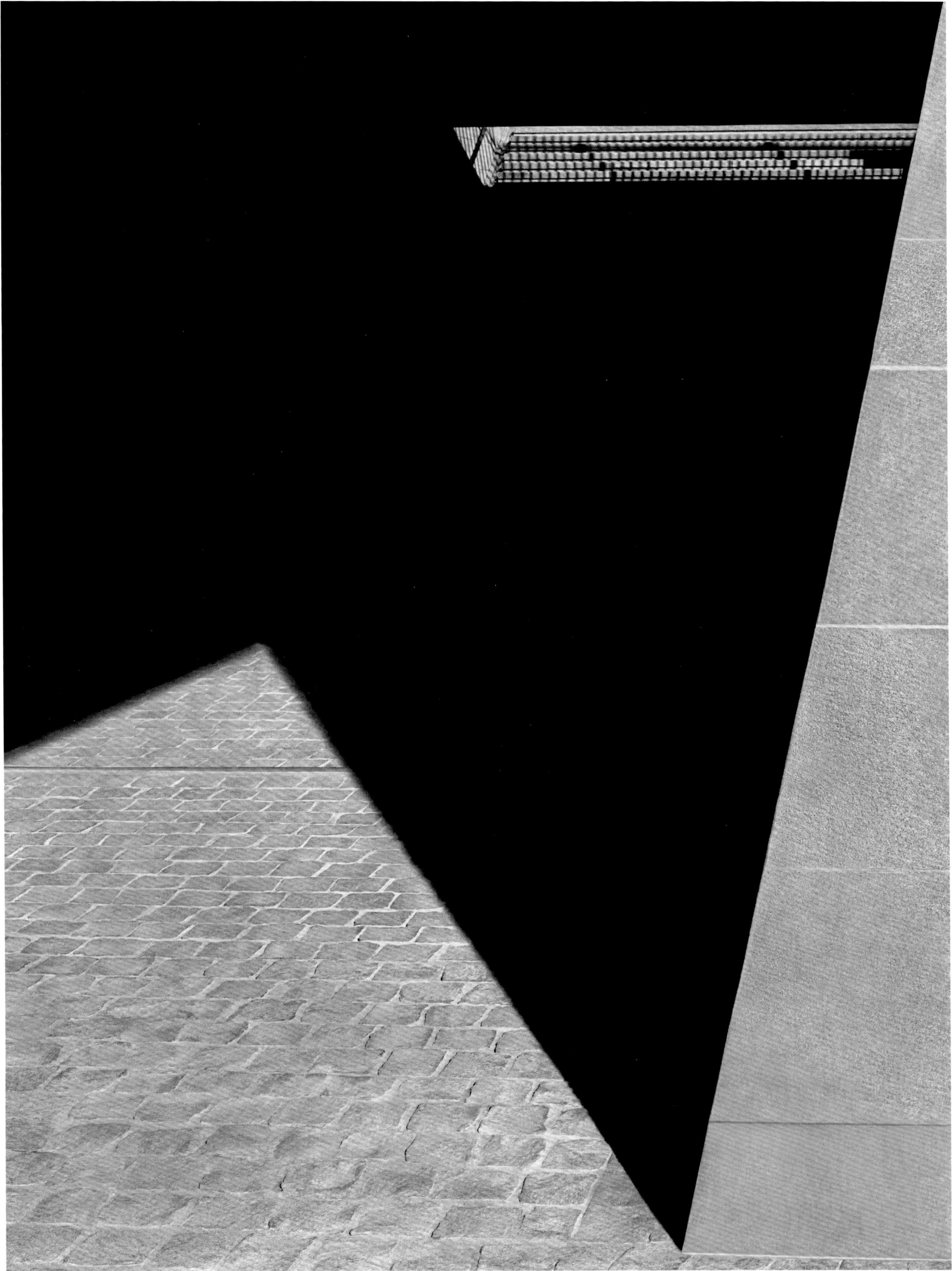

Arc de Triomphe, 2019

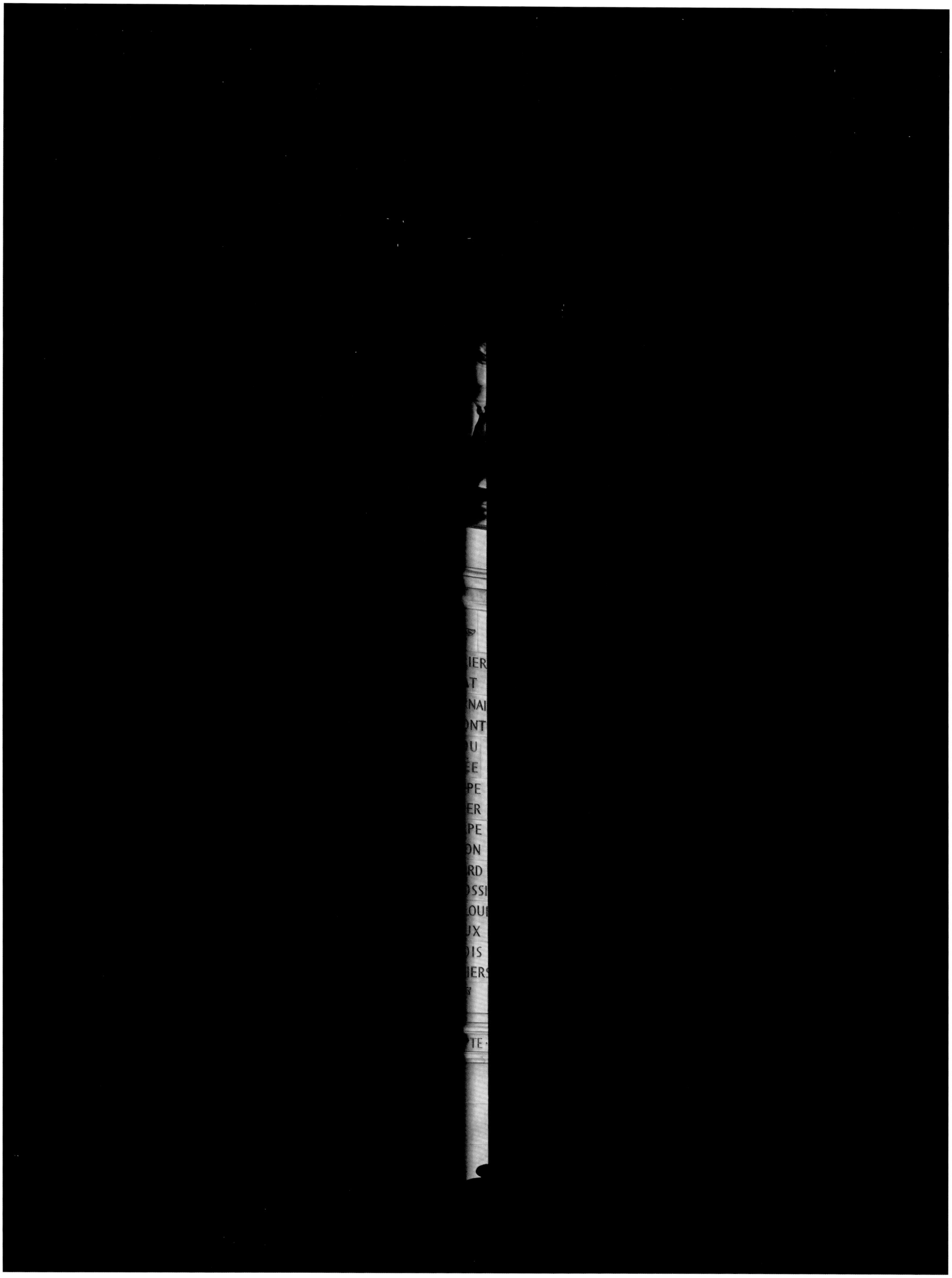

Trocadéro, 2019

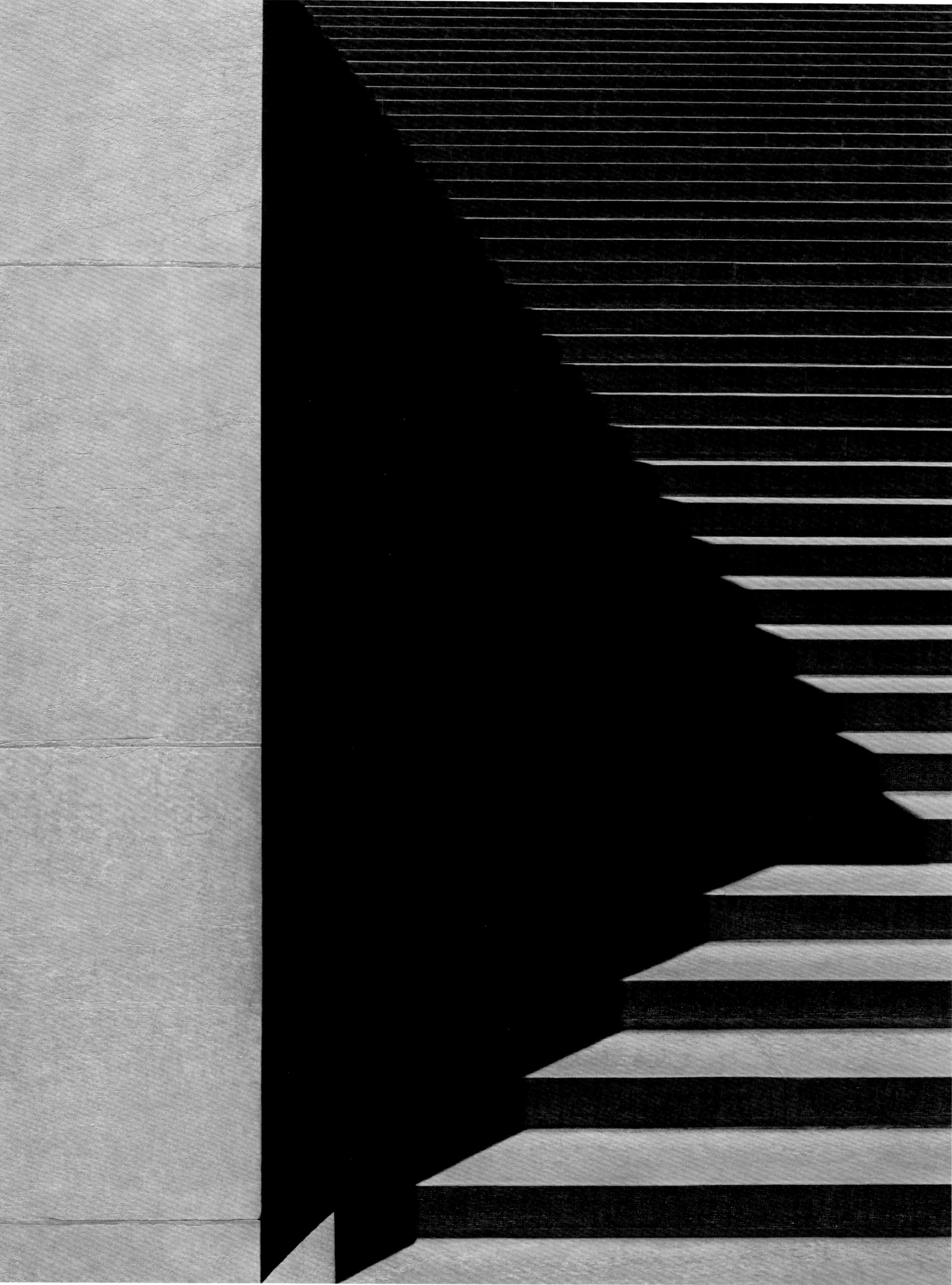

Pont d'Iéna, 2017

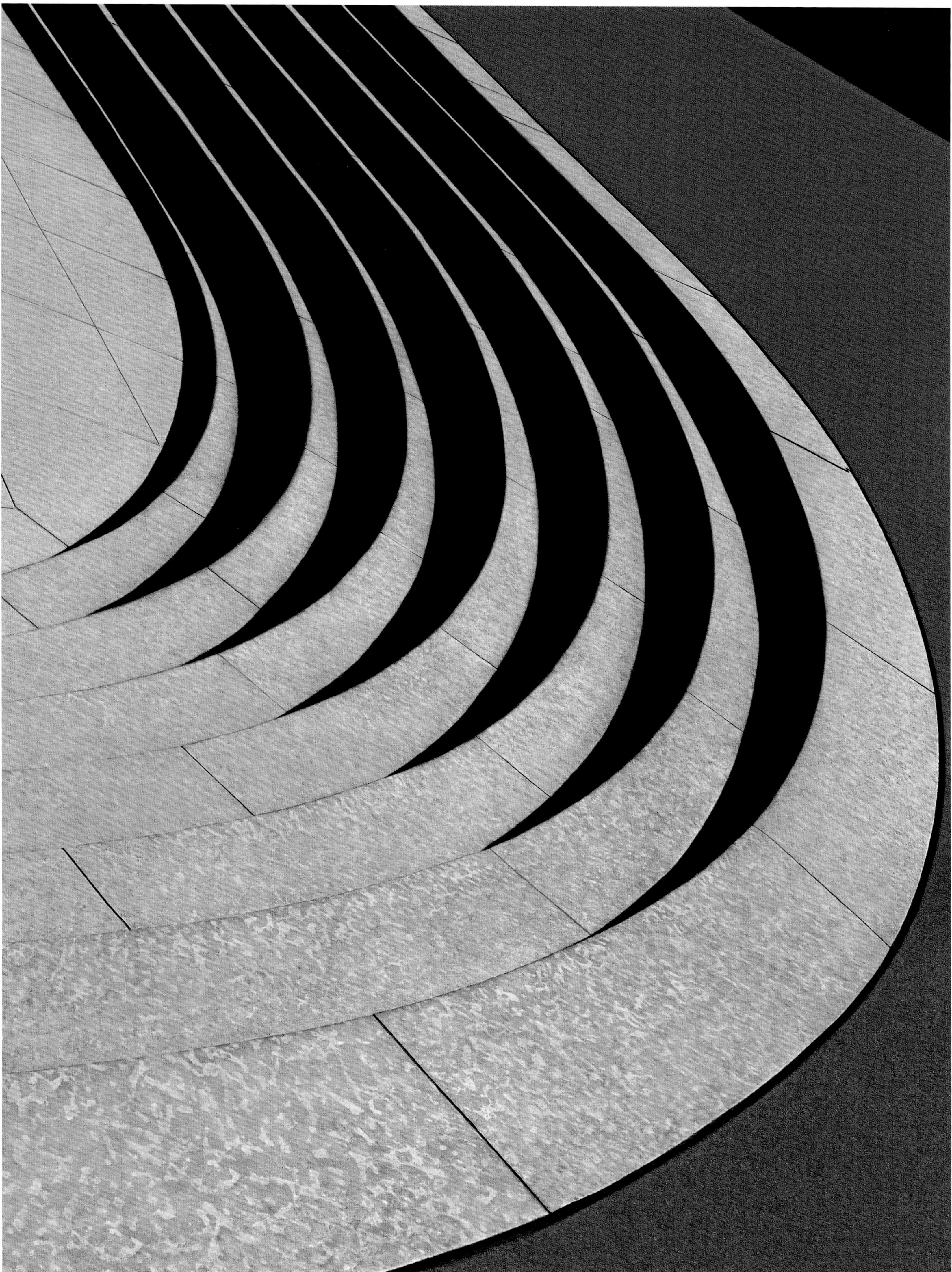

Abbesses, 2024

Eglise de la Madeleine, 2024

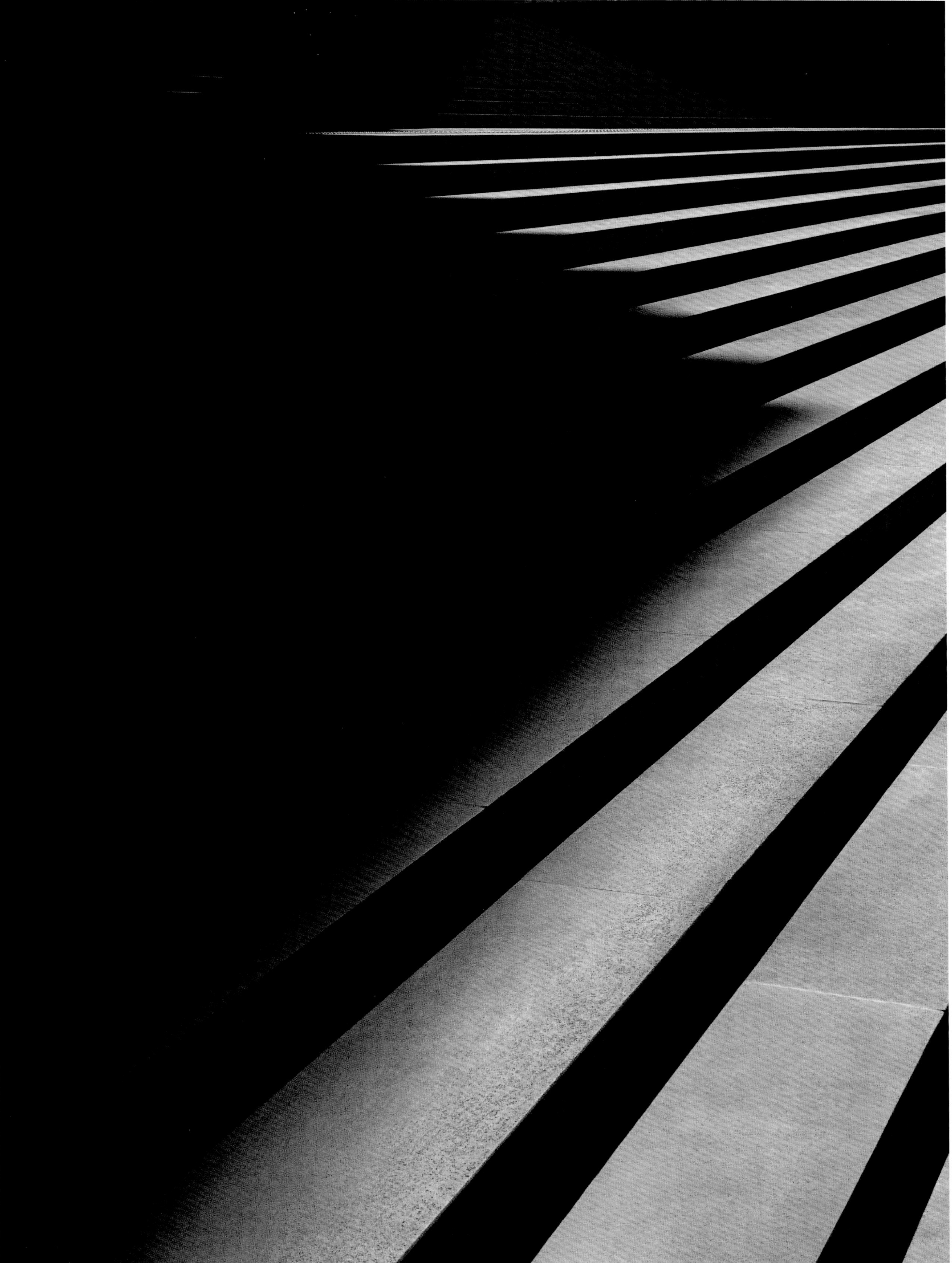

Cour Carrée, Musée du Louvre, 2022
Cour Carrée, Musée du Louvre, 2017

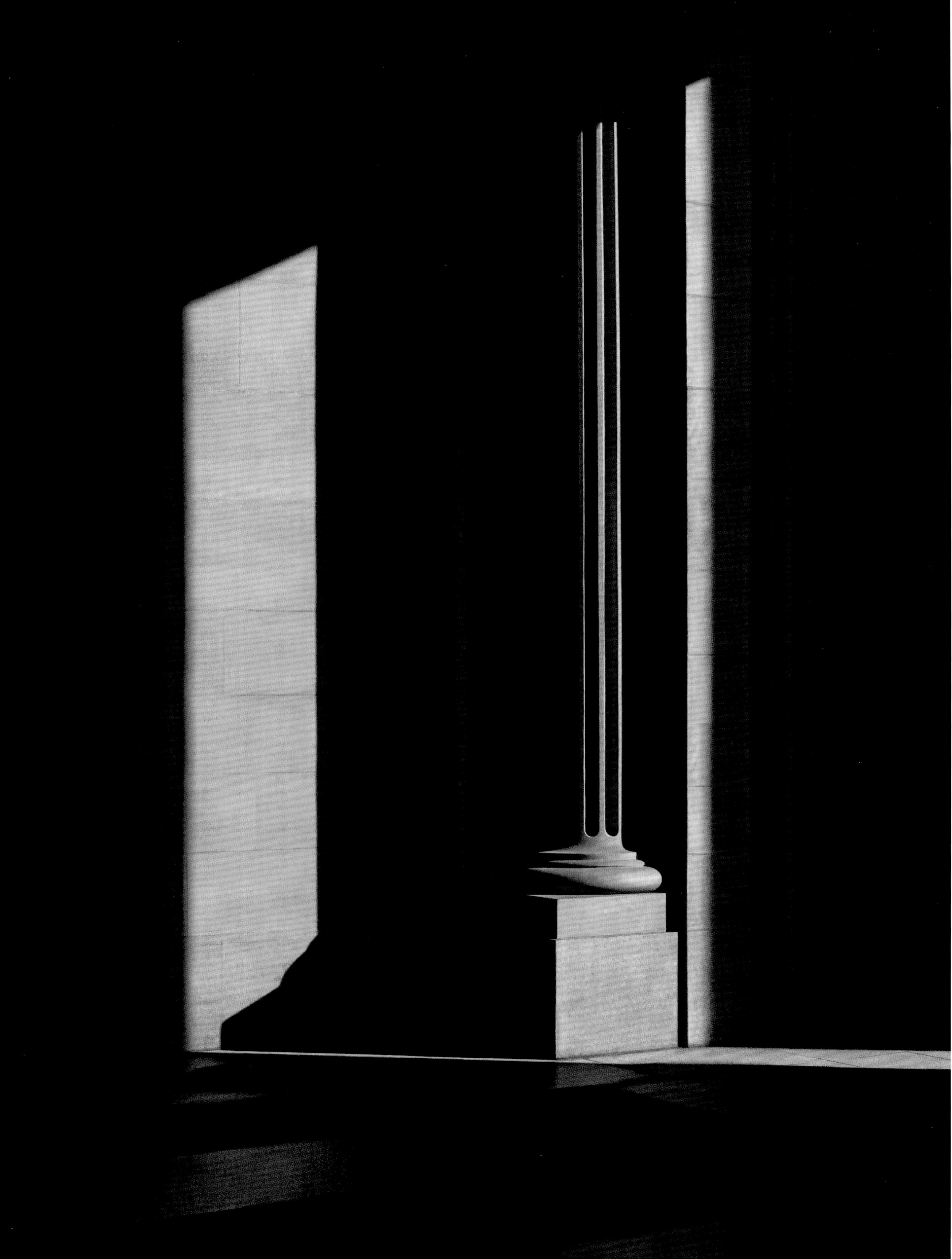

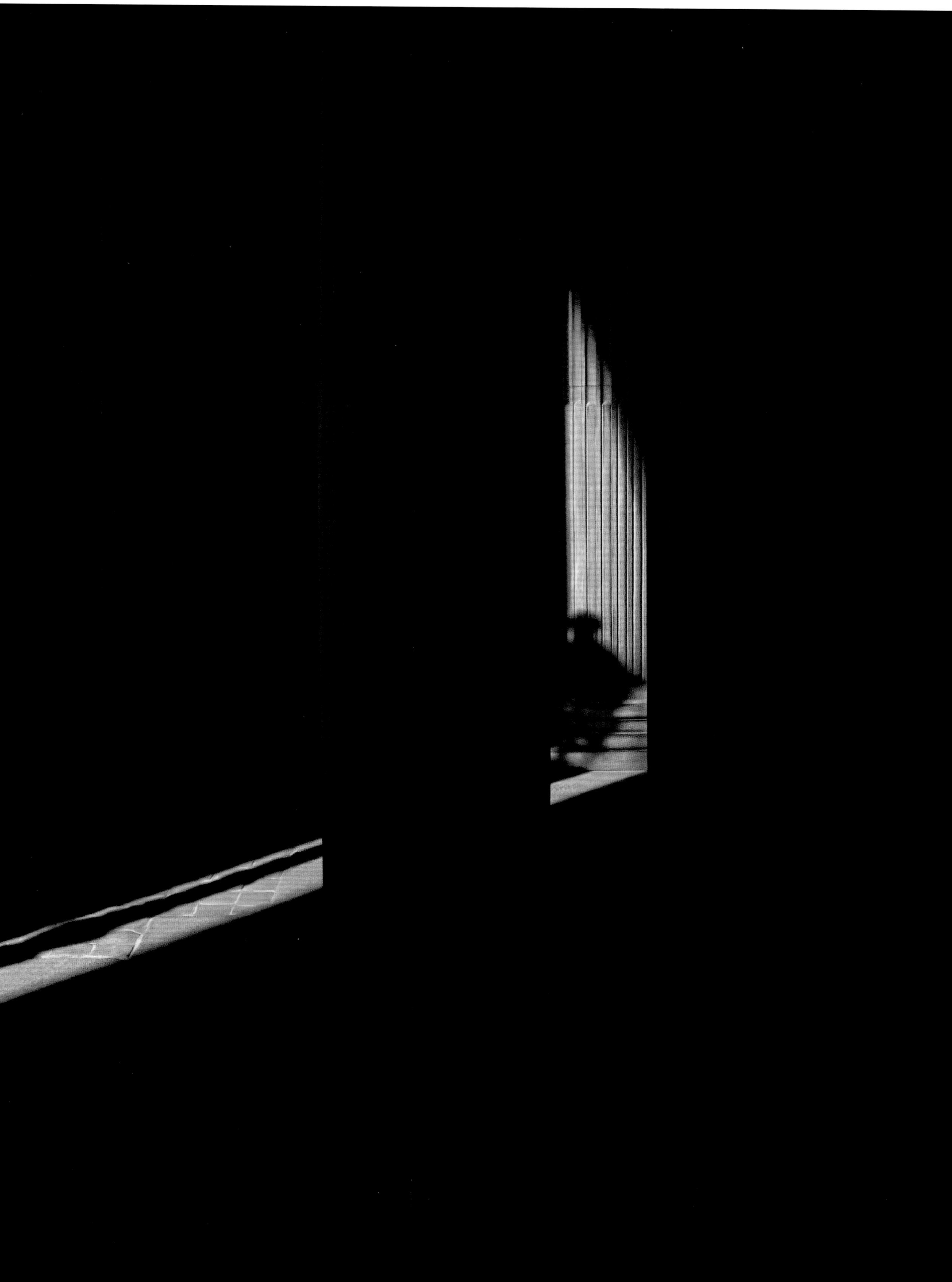

Obélisque de Louxor, Place de la Concorde, 2016

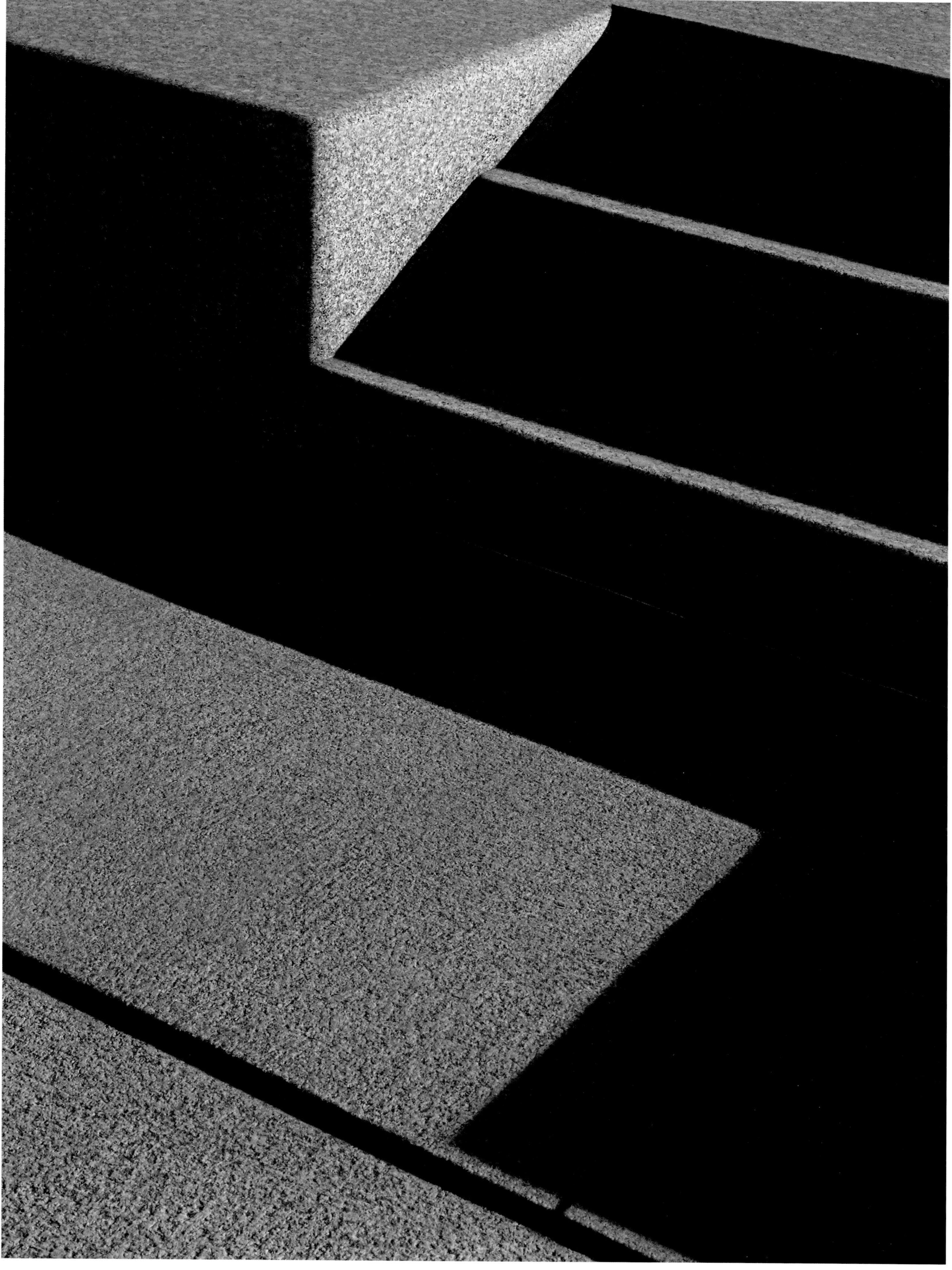

Panthéon, 2019

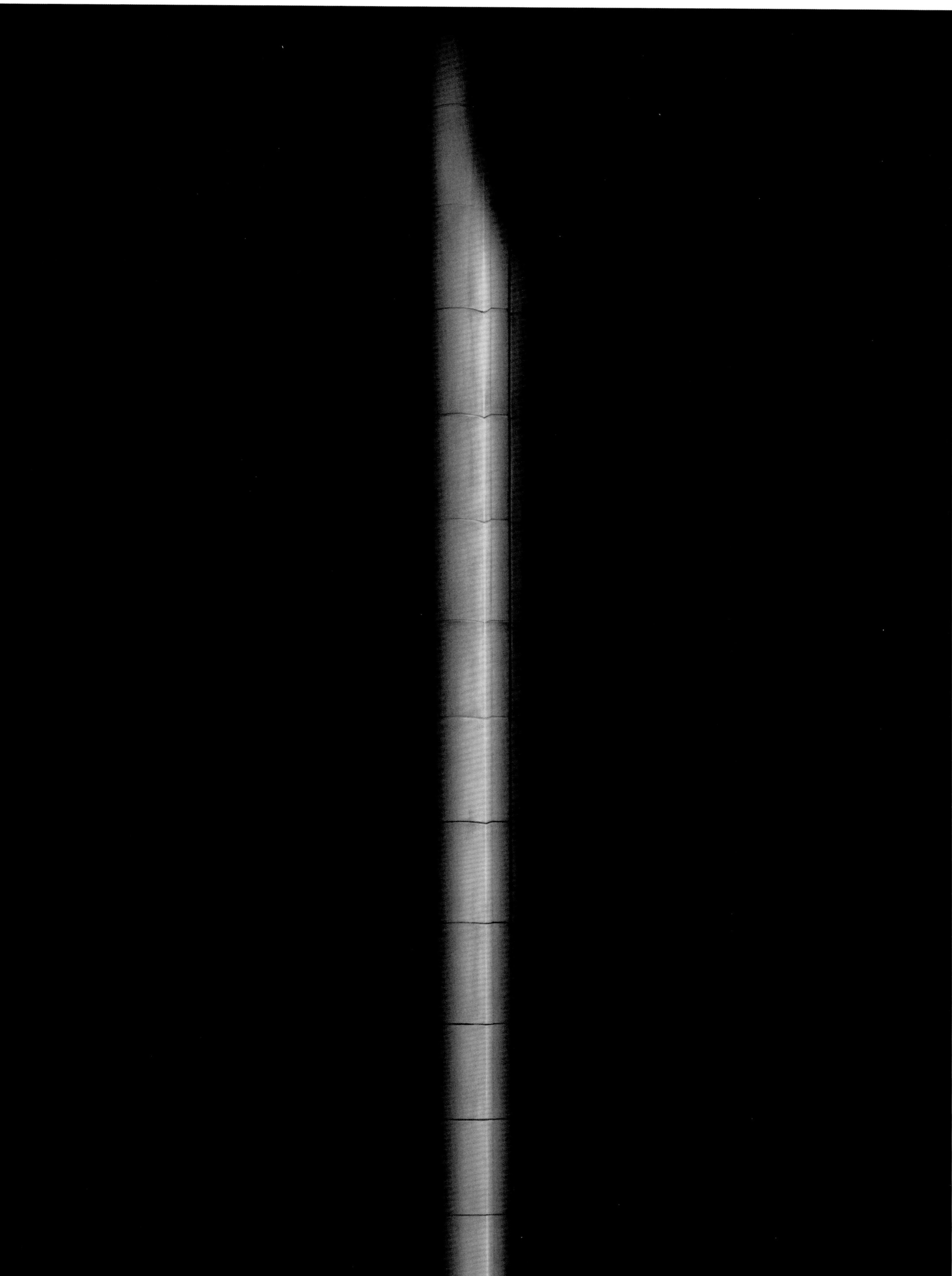

Jardin du Luxembourg, 2018

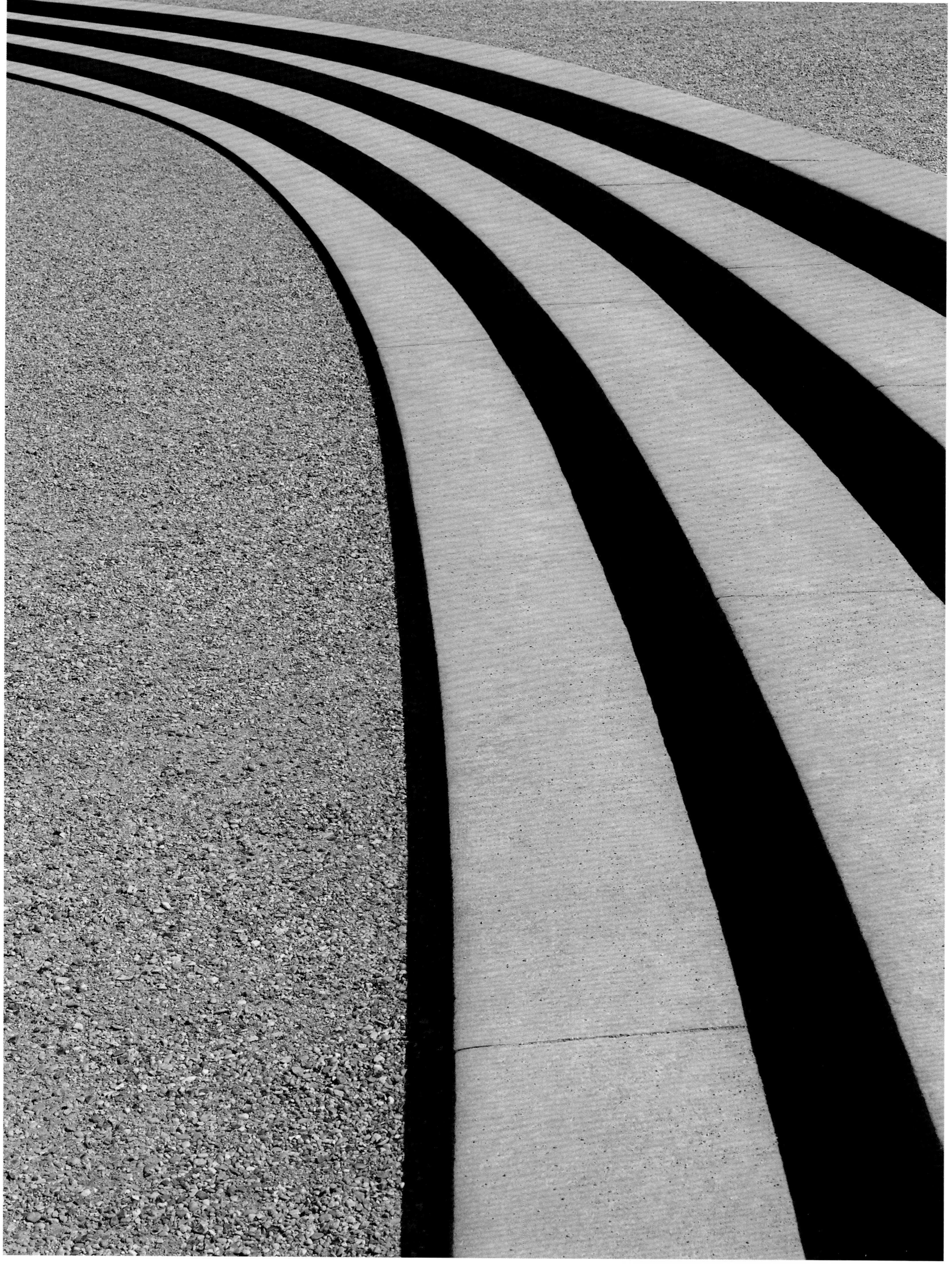

Théâtre National de Chaillot, 2016

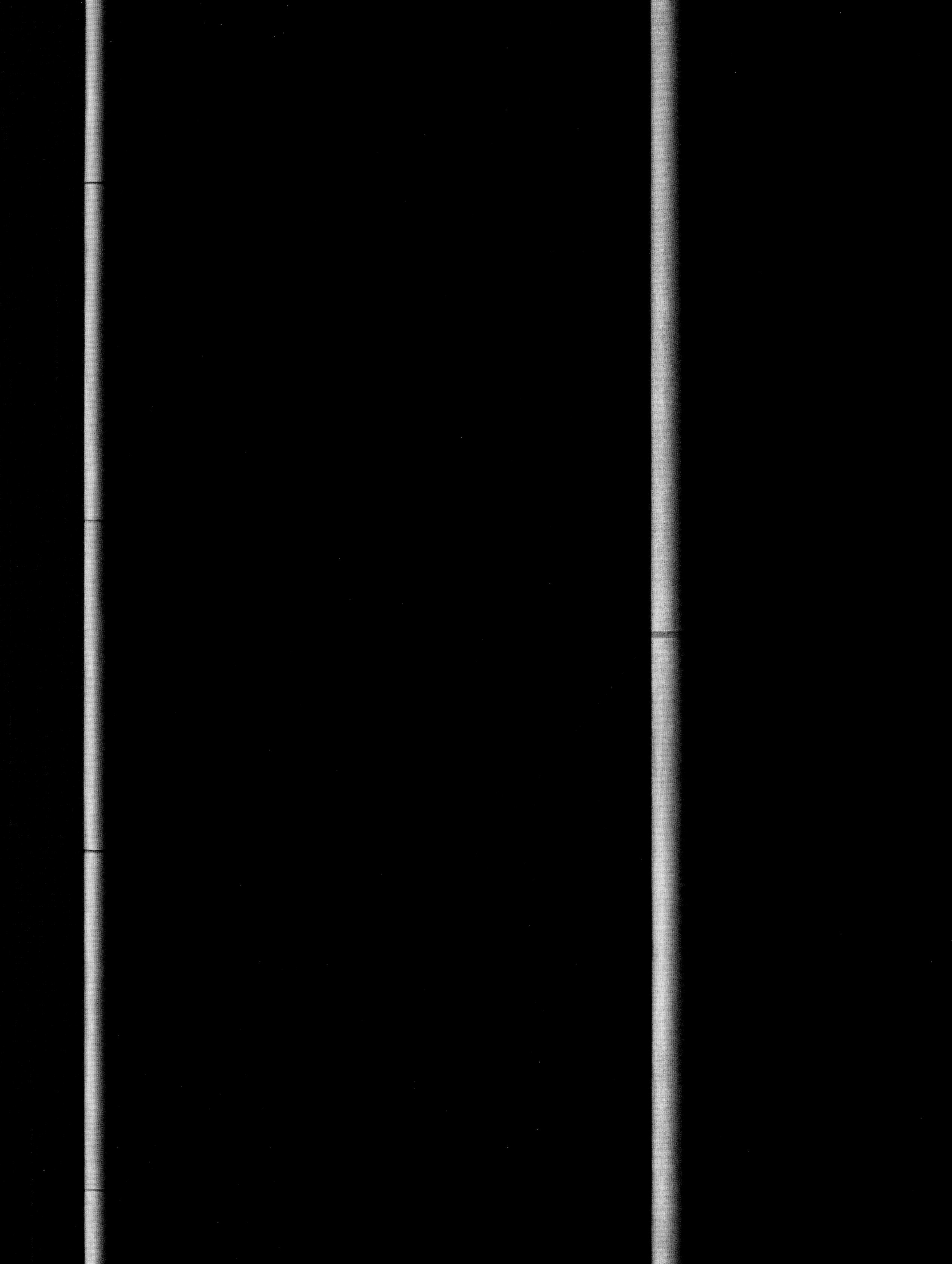

Arènes de Lutèce, 2025

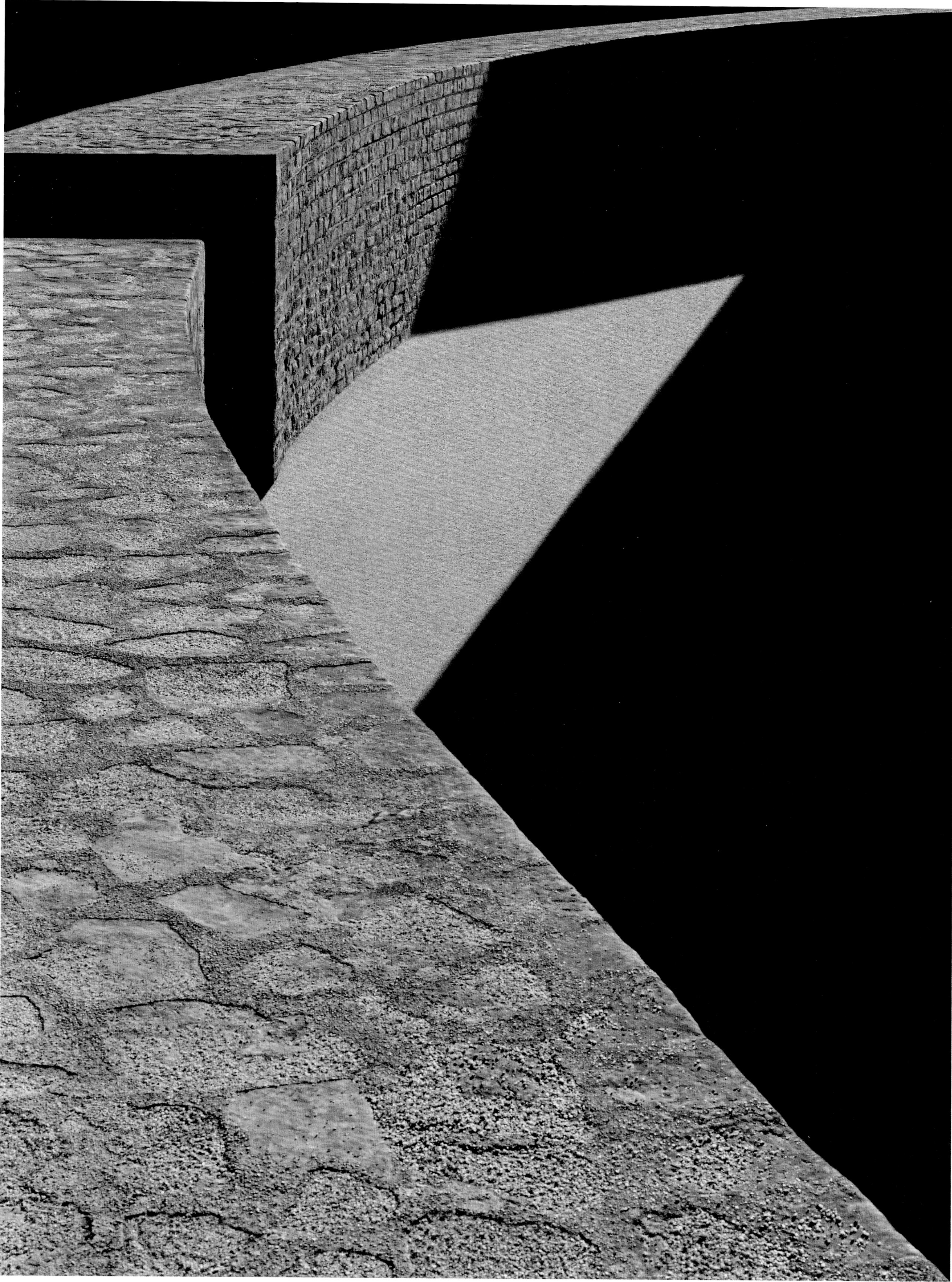

Place du Pont Neuf, 2024

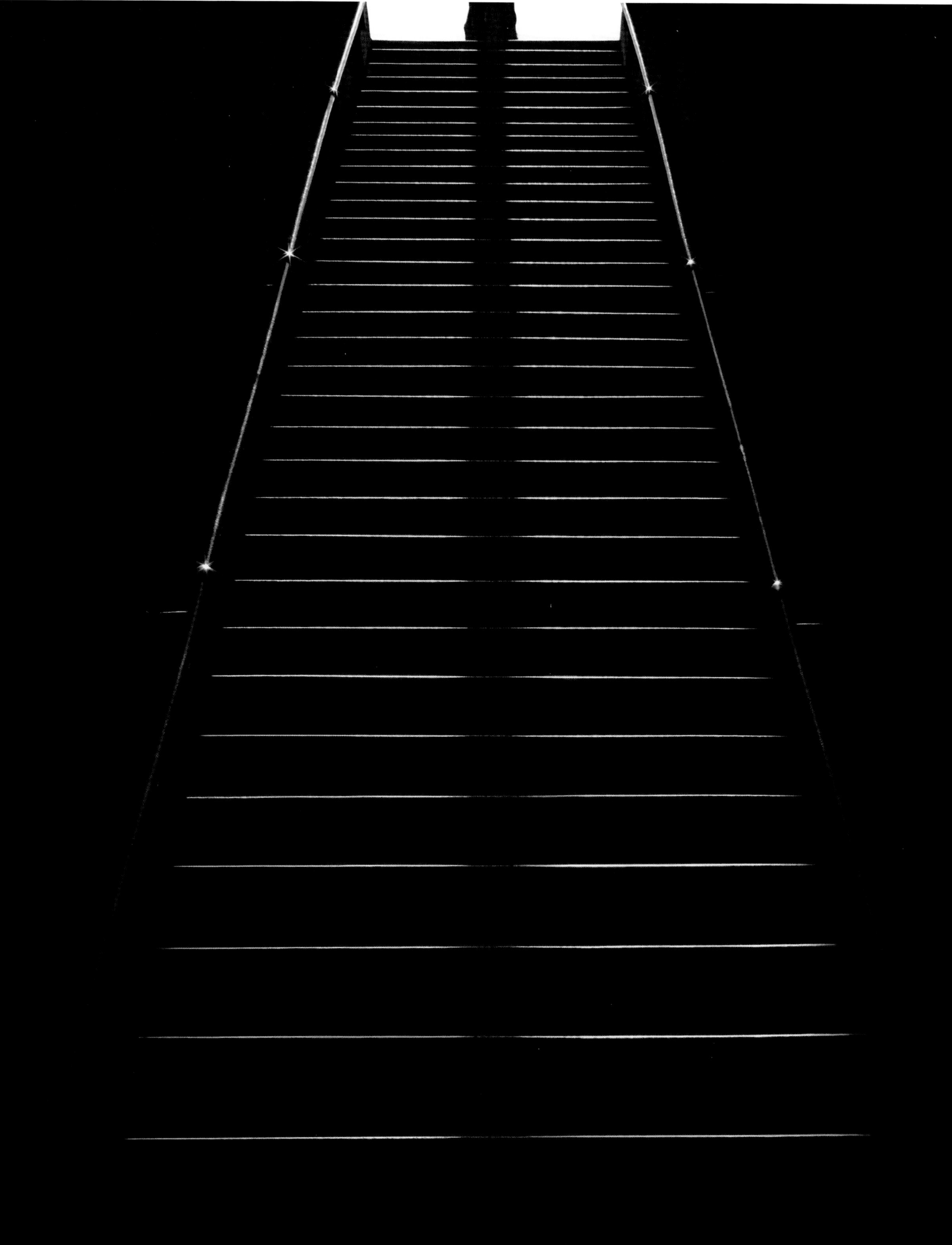

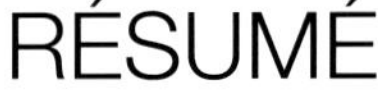

Bruno Sassarone

Né en mai 1975 à Villepinte (France), il a commencé à pratiquer la photographie et le tirage argentique au début des années 1990. Depuis, il vit et travaille à Paris.

Titulaire d'un master de droit, il a interrompu sa carrière juridique après avoir été lauréat du prix Canon en 2005 puis remporté le Grand prix du magazine *PHOTO* en réalisant la couverture du numéro de janvier-février 2006.

En 2008, il est exposé à la Maison européenne de la Photographie (Paris) dans le cadre du concours SFR Jeunes Talents, et l'Atelier Eberlin (Paris) lui consacre sa première exposition personnelle.

Depuis, le travail de Bruno Sassarone a été exposé à Paris par la galerie Arnoux, la galerie Brissot et la galerie Samy Kinge, ainsi qu'à Bruxelles, à deux reprises par la galerie MC2, qui lui a aussi donné l'occasion de participer au salon Off Course Art Fair de Bruxelles en 2016.

Élu finaliste du Grand Prix Photo de Saint-Tropez en 2019, son travail a fait l'objet d'une exposition publique dans cette ville, organisée au bénéfice de la Fondation Mécénat Chirurgie Cardiaque.

Le Studio Harcourt Paris lui a consacré une exposition personnelle de novembre 2021 à mars 2022, présentant une soixantaine de tirages, réalisés depuis 2005.

Expositions

2021/22	Exposition personnelle, Studio Harcourt, PARIS
2020/21	Exposition personnelle, Atelier Eberlin, PARIS
2019	Exposition collective, Grand Prix Photo, SAINT-TROPEZ
2018	Exposition personnelle, Galerie MC2, BRUXELLES
2016	Exposition personnelle, Atelier Eberlin, PARIS
	Exposition personnelle, Galerie MC2, BRUXELLES
	Off Course Young Contemporary Art, BRUXELLES
2015	Exposition collective, Galerie Sylvie Nissen, CANNES
2014	Exposition collective, Galerie Samy Kinge, PARIS
	Exposition collective, Galerie Brissot, PARIS
	Exposition personnelle, Atelier Eberlin, PARIS
2013	Exposition personnelle, Galerie Brissot, PARIS
2012	Exposition personnelle, Galerie Arnoux, PARIS
2009	Exposition personnelle, Atelier Eberlin, PARIS
2008	Exposition collective, Atelier Eberlin, PARIS
	Diaporama à l'Auditorium de la MEP, PARIS

Bruno Sassarone

Born in May 1975 in Villepinte (France), he began practising photography and analogue printing in the early 1990s. Since then, he has lived and worked in Paris.

He holds a master's degree in law, but interrupted his legal career after winning *PHOTO* magazine's 2005 Canon Prize and Front Cover Prize of the January-February 2006 issue.

In 2008, his work was exhibited at the Maison Européenne de la Photographie (Paris) as part of the SFR Jeunes Talents competition, and the Atelier Eberlin (Paris) hosted his first solo exhibition.

Since then, Bruno Sassarone's work has been exhibited in Paris by Galerie Arnoux, Galerie Brissot, and Galerie Samy Kinge, and twice in Brussels by Galerie MC2, which also gave him the opportunity to take part in the 2016 Off Course Art Fair in Brussels.

As a finalist for the Grand Prix Photo de Saint-Tropez in 2019, his work was the subject of a public exhibition in the town, organised as a benefit for the Fondation Mécénat Chirurgie Cardiaque.

Studio Harcourt Paris devoted a solo exhibition to Bruno Sassarone's work from November 2021 to March 2022, presenting more than sixty photographs made since 2005.

Exhibitions

2021/22	Solo exhibition, Studio Harcourt, PARIS
2020/21	Solo exhibition, Atelier Eberlin, PARIS
2019	Group exhibition, Grand Prix Photo, SAINT-TROPEZ
2018	Solo exhibition, Galerie MC2, BRUSSELS
2016	Solo exhibition, Atelier Eberlin, PARIS
	Solo exhibition, Galerie MC2, BRUSSELS
	Off Course Young Contemporary Art, BRUSSELS
2015	Group exhibition, Galerie Sylvie Nissen, CANNES
2014	Group exhibition, Galerie Samy Kinge, PARIS
	Group exhibition, Galerie Brissot, PARIS
	Solo exhibition, Atelier Eberlin, PARIS
2013	Solo exhibition, Galerie Brissot, PARIS
2012	Solo exhibition, Galerie Arnoux, PARIS
2009	Solo exhibition, Atelier Eberlin, PARIS
2008	Group exhibition, Atelier Eberlin, PARIS
	Slideshow exhibition, MEP, PARIS

Version anglaise | English version
Sue Reeve (Consider it Done)
Bruno Sassarone

Prépresse et photogravure | Prepress and colour separation
Unigrafica S.r.l., Milan, Italie | Italy

5 Continents Editions
Piazza Caiazzo 1
20124 Milan, Italy
www.fivecontinentseditions.com

ISBN 978-88-7439-407-4

Distribution en France et pays francophones
BELLES LETTRES / Diffusion L'entreLivres

Distributed by ACC Art Books throughout the world, excluding Italy.
Distributed in Italy and Switzerland by Messaggerie Libri S.p.A.

Achevé d'imprimer en Italie sur les presses
de Unigrafica S.r.l., Gorgonzola (Milan, Italie) pour le compte
de 5 Continents Editions, Milan, en juillet 2025

Printed and bound in Italy in July 2025
by Unigrafica S.r.l., Gorgonzola (Milan, Italy)
for 5 Continents Editions, Milan